먼 곳에서 만난 것

먼 곳에서 만난 것
허 정 에세이

초판 인쇄 | 2008년 01월 05일
초판 발행 | 2008년 01월 10일

지은이 | 허　정
펴낸이 | 신현운
펴는곳 | 연인M&B
디자인 | 이희정
기　획 | 여인화
등　록 | 2000년 3월 7일 제2-3037호
주　소 | 143-874 서울특별시 광진구 자양동 680-25호(2층)
전　화 | (02)455-3987, 3437-5975 팩스 | (02)3437-5975
홈주소 | www.yeoninmb.co.kr
이메일 | yeonin7@hanmail.net

값 10,000원

저자와의 협의에 의하여 인지는 생략합니다.
ⓒ 허 정 2008 Printed in Korea

ISBN 978-89-89154-95-2 03810

이 책은 연인M&B가 저작권자와의 계약에 따라 발행한 것이므로 본사의 허락 없이는
어떠한 형태나 수단으로도 이 책의 내용을 이용하지 못합니다.
잘못된 책은 바꾸어 드립니다.

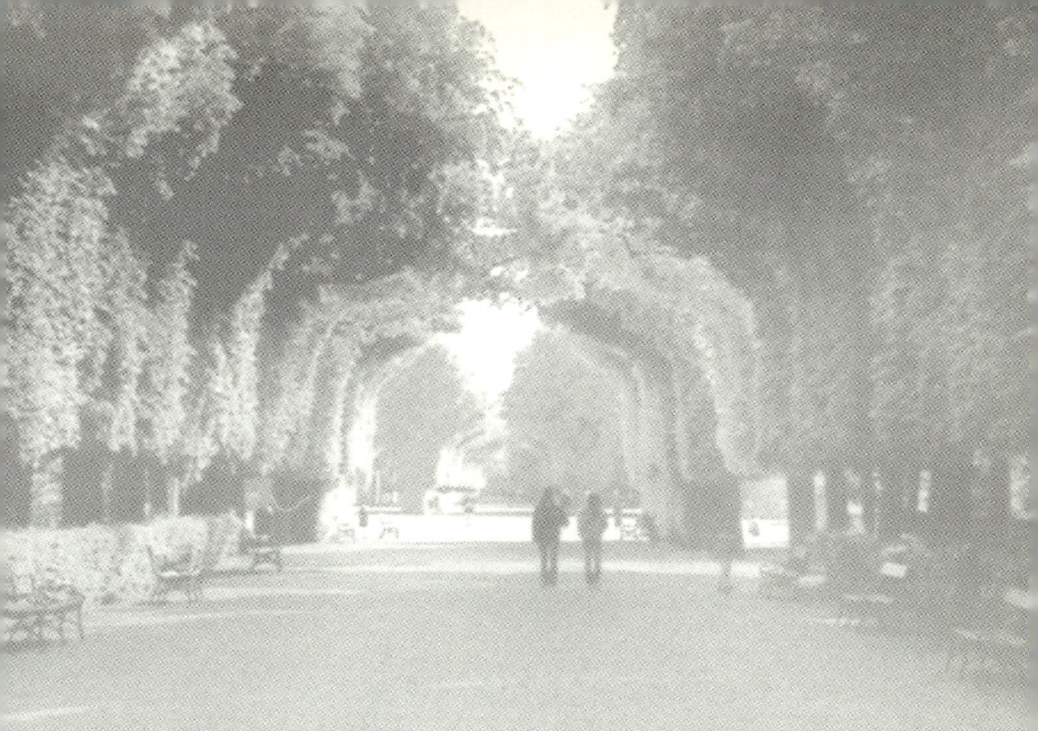

먼 곳에서 만난 것

허 정 에세이

이 숲 속 동네의 아침은 요란한 새소리로 시작합니다.
온갖 새가 제 목소리를 내며 지저귀는 소리에 눈을 떠보면 밖은 여명입니다.
오늘은 몇 가지의 새소리가 들리나 귀 기울이다 잠이 들지 않으면 일어나 공원으로 갑니다.

| 책머리에 |

어느새 예순 번째의 가을을 보냈습니다.
되돌아보니,
세월의 흐름에 떠밀려오는 동안 제 삶은 최고가 되어 본 적도 없고, 최하를 겪어 본 적도 없는 어중간(於中間)의 연속이었습니다.
더구나,
사람 된 그릇은 중간도 못 되는 듯 제 삶은 모두 인연 지어진 사람들에게 의지한 것이었습니다.
누군가, 너는 그 세월 동안 무엇을 했는가 하고 묻는다면
참 할 말이 없습니다.
못나고 용렬한 것을, 밉다 하지 않고 보기 싫다고 내치지 않고 이날까지 보듬어주고 있는 인연들에게 고맙다는 인사를 하고 싶습니다.

그래서,
제가 제일 잘 할 수 있을 것 같은 글짓기로 제 마음을 표현했습니다.
어떤 지식이나 밝은 지혜 하나 보이지 않는 넋두리의 글이지만 정성을 다했습니다.
한 자 한 자 종이의 빈 곳을 채워가는 동안 행복했습니다.
항상,
곁에서 묵묵히 지켜봐준 사랑하는 남편과 든든한 울타리가 되어준 가족에게 감사한 마음을 전합니다. 또 문학의 길로 이끌어준 문우들과 격려를 아끼지 않던 김우경 선배님께도 감사드립니다.

2007년 12월
허 정

| 차례 |

비난에 대한 변명 _ 9
평강공주 전 상서 _ 16
누에치는 여인 _ 22
울어라 매미 _ 28
청개구리 사모곡 _ 34
참새의 실없는 수다 _ 38
사모님과 싸모님 _ 46
강릉 근처 _ 52
먼 곳에서 만난 것 1 _ 58
먼 곳에서 만난 것 2 _ 63
먼 곳에서 만난 것 3 _ 68
먼 곳에서 만난 것 4 _ 74
먼 곳에서 만난 것 5 _ 78
먼 곳에서 만난 것 6 _ 86

먼 곳에서 만난 것 7 _ 94

먼 곳에서 만난 것 8 _ 102

어떤 눈물 _ 110

내가 전에 그랬듯이 _ 114

세상에서 가장 어여쁜 사진 _ 120

성명 두 자 _ 125

들려주는 말과 들려주지 않는 말 _ 130

단상―1월 1일에 _ 138

겨울 장다리꽃 _ 142

흐르는 것을 따라 옛날은 갔고 오늘도 가고 _ 146

나이가 떼어버린 딱지 _ 152

흰 머리카락 사냥 _ 158

단상―돌멩이 _ 162

꽃비 맞는 봄 _ 166

박꽃과 호박꽃 _ 170

산 _ 175

황새울 들에서 _ 179

눈 오는 날이면 _ 183

혼자 남은 큰 독 _ 187

간판 _ 191

버려진 것들 앞에서 _ 195

거리 풍경 _ 200

새 도시가 아직 읍이었을 무렵 _ 204

비난에 대한 변명

변명할 기회를 주어서 고맙습니다.
나는 비범한 생각과 기발한 행위 탓으로 자주 비난을 듣는 사람으로 이름은 화수분입니다. 변명에 앞서 내가 대단한 식욕의 소유자임을 알립니다. 그래야 내 말에 대한 이해가 빠를 것 같습니다.
내가 사는 목적은 단순해요. 가리지 않고 먹어서 속 채우는 것과 따분하지 않게 사는 것입니다. 식탐이 과하다 보니 다른 생각은 할 줄 몰라요. 먹는 것을 밝힌다고 흉보겠지만 그것이 내림인데 어쩌겠어요.
이만한 내 위치에서 말하기에는 창피하지만 조상은 아전이었습니다. 대대로 아전자리 차고앉아, 어리석은 원님은 올려놓고 흔들고 똑똑한 사또는 갖고 놀면서 얼굴에 철판은 깔았지만 잘 살았답니다. 남들은 아전 것이라 천시했다지만 자존심이 밥 먹여줍니까. 왜정 때나 해방 후에는 이재에 밝고 수완가인 조상이 계셔 오늘 나는 가만히 있어도 먹을 것이 굴러 옵니다. 미리 말했지만 내가 화수분이라고 했지요. 내 자손들도 걱정 없을 겁니다.

대개 조상 중에 매국노나 정상배로 알려진 분이 있으면 큰 수치로 알고 쉬쉬하는데 나는 그렇게 생각하지 않습니다. 지금은 그 시절 기억하는 사람도 없고, 세상이 변하면 어떻게 될지 모르지만 조상이 여기저기 묻어둔 부동산도 지금은 송사만 일으키면 법에서 딱 찾아줍니다. 영광입지요. 그런 면에서 나는 우리 조상을 존경합니다. 만약 독립운동가나 청백리의 자손이라면 내 인생이 얼마나 팍팍하고 구질구질하겠어요. 훌륭한 분의 유족이라고 국가에서 감사 표시를 한다는데 몇 푼 됩니까. 자긍심만으로 요즘 세상 살아갈 수 있나요. 재물은 귀신도 부린다는데 돈이 최고입니다.

내 부친은 우리나라의 최고 명당자리에다 조상님을 비롯해 당신 부모님을 모셨어요. 일류 풍수를 초청해서 돈도 엄청나게 들여서, 큰 권력 잡을 후손이 나올 자리에다 유택을 마련했습니다. 덕분에 권력과 금력을 함께 맛볼 날이 올 겁니다. 돈이 보이면 권력은 따라오게 되어 있지만 그것은 어디까지나 남의 것으로 권력도 내가 쥐어야 그게 진짜지요.

우리는 시답잖은 부자와는 상대하지도 않습니다. 유유상종이라고 나처럼 식욕 왕성하고 체면 같은 것에 별로 신경 안 쓰는 화끈한 사람끼리 만든 모임이 있습니다. 오늘 저녁은 그 모임에서 약간 별난 것을 먹어 볼 것입니다. 금을 먹는 것입니다. 웬만한 일에는 꿈쩍도 않는데 다 이미 경험한 사람도 있지만 그래도 반눈은 뜨겠지요.

　아가미가 발딱거리는 활어회에 금 뿌려서 먹는 기분 당신이 알까요. 일본제 금가루는 느낌까지도 좋지요. 금이 맛있어서 먹는다기보다 건강에 좋다니까 앞으로 많이 먹을 작정입니다. 금은 돈이요 돈은 무소불위의 힘이고 오늘의 우상입니다. 우상은 섬겨야 복을 줍니다. 나는 금이 좋소. 후식으로는 금가루 잔뜩 입힌 케이크입니다.

　로마의 황제 헤리오가발스도 당나라의 측천무후도 그 옛날에 벌써 금을 상식했다는데, 황제는 못 되어도 흉내는 내보겠다는데 비난받을 일입니까. 내가 미련한 여편네처럼 돌부처 코 떼어 갈아먹는 것도 아니고 내 돈 들여 내 몸 챙기는데 왜 야단인지 억울합니다.

　이 좋은 세상 즐기며 살고자 어렵사리 보신용 약 구해 먹는데 기자들은 왜 각다귀처럼 덤비는지 모르겠어요. 내가 희귀한 것 먹었다 하면 기자가 용케 찾아와요. 재수 옴 붙으면 경찰과 함께 와서 사진 찍어 공개하니 분하고 억울합니다. 몇 해 전 금 화장품 유행할 때 앞앞이 안겨야 했는데 신경을 안 썼더니…….

　내게는 나만 보면 배 아픈 사촌이 있어요. 친 사촌도 아닌 외사촌인 주제에 탈이 나면 한 말씀하는데 가관입니다. 나 같은 인간이 많지 않아서 우리나라가 이만큼 버틴다고 합디다. 나라가 어때서요. 휴전선에 이상 없으면 우리나라 좋은 나라입니다. 나는 이번에 또 토지 보상비 엄청 받았어요. 우리 아버지 덕분이고 내 복이지요.

　지금은 정보의 시대입니다. 정확한 정보를 남보다 먼저 입수하여

활용하면 재물은 들어오게 되어 있습니다. 내가 가르쳐 주었으니 어디 알아보세요. 진리입니다. 사촌이 걱정하듯 나라에 변고가 생긴다 해도 나와 식구는 괜찮습니다. 나는 준비된 국민이라 국적이 두 갭니다. 내 식구도 당연히 두 개지요. 충고하는데 당신도 능력 있으면 준비된 국민의 자격으로 이중국적자 되십시오. 그게 왜 나쁩니까. 필요에 의해서 그렇게 된 것도 나쁩니까. 왜 비난을 하는지 이해할 수 없어요.

그리고 재산이 많아서 세금이 굉장하겠다고 고소해하는 사람도 있는데 뭐 모르는 사람이 그래요. 나 같이 먹성 좋은 부류 중에 월급쟁이처럼 맑게 세금 내는 사람 없어요. 있다면 아주 어리석은 사람입니다. 애초에 많이 나오게 하지를 않지요. 비밀이고 방법이 있어요. 납세의 의무요, 어릴 때 배웠던 것 같은데 무슨 상관입니까. 그런 것에 대한 나의 대답은 무조건 모릅니다이니 잘 알아들으세요.

내 이름은 화수분, 재신(財神)의 축복을 받은 팔자입니다. 나는 팔자대로 살고 신분에 맞게 처신합니다. 옛말에 개같이 벌어서 정승처럼 쓴다는 말이 있어요. 내 주변에는 내가 여차할 경우 바람막이가 되어줄 서슬이 퍼런 사람도 몇 있다고요. 그들과 친교를 위해 재물을 쓰는데 그런 것을 정승처럼 쓴다고 합니다. 무슨 빈민구제나 장학사업 한다고 아까운 재산 내어놓은 것이 정승처럼 쓰는 것이 아니라, 신분에 어울리게 하고 살라는 뜻입니다.

내 것 가지고 내 맘대로 하는 것이 왜 비난받을 일인지 우리나라는 이래서 발전을 못합니다. 머리 좋은 내가 짐작하건대, 나처럼 살 수 없는 사람들의 질투가 비난으로 나타난 것이 분명합니다. 할 말 많지만 내가 좋아하는 말로 변명을 끝내겠습니다.
 我는 바담풍 하셔도 汝는 바람풍 하여라.
 욕도 많이 먹으면 장수한다는데 내 욕 맘껏 하세요.

평강공주 전 상서

평강공주님,
고구려의 울보공주 이야기는 지금 사람도 알고 있습니다.
안녕하시옵니까. 공주께 문안 올리옵니다. 온달 장군께도 문안 여쭈옵니다. 후생이 1천 5백 년의 시공을 넘어 공주께 글월 올리는 것은, 당신께서는 우리나라의 많았던 공주 가운데서 특별한 분이라 여겨서입니다. 신라의 선화공주도 계시지만 그분은 백제의 '서동'이 꾸민 계략으로 이웃나라의 왕비가 된 경우라 공주와는 다릅니다. 후에 백제 무왕이 된 서동이 선화공주를 사모하여 일을 꾸몄다지만, 군주 시대에 흔하던 국가 간의 정략결혼이라는 생각도 듭니다.

후생이 울보공주의 이야기를 처음 들은 것은 초등학생 때였고, 역사서에서 공주를 뵙고는 설화 속의 인물이 아닌, 실존 인물이라 믿어 온달 장군보다 공주께 관심이 더 있었습니다. 문화유산은 전설을 사실로 증명해 줍니다. 고구려의 고분벽화에서 공주의 모습을 봅니다. 눈썹과 눈 사이가 멀고 가늘고 긴 눈, 작고 붉은 입, 갸름한 듯 통통한 얼굴은 그 시대의 미인상이겠지요. 공주의 모습도 벽화로 살아난 채색 비단옷의 귀부인상과 비슷하리라 추측해 봅니다.

공주님은 '울음'으로 유명한 사람이 되셨습니다. 금지옥엽의 신분, 그 떠받들림의 생활에도 울 일이 많았습니까? 얼마나 대단한 응석받이면 공주 체통도 없이 울어대어 온 나라가 다 알고 천년을 두고 전설로 전해 옵니까. 세상의 부모들은, 눈에 넣어도 아프지 않을 것이란 말로 자식 사랑을 표현합니다. 공주께서는 맹목적인 부모의 사랑을 진즉에 이용할 줄 안 맹랑한 아이였나 봅니다. 바보를 선봉대장으로 만든 공주의 능력이면 충분히 그럴 수 있습니다.

평강공주님,
부왕의 자애와 권위도 당신의 고집은 어쩌지 못했습니다. 울보 시절에 들어온 아버지의 허언을 실천에 옮긴 뜻은 무엇이며 용기는 어디서 나온 것입니까. 듣기에 공주께서 가출한 당시의 나이가 16세였습니다. 지금 말로 하면 머리 아픈 사춘기입니다. 1500년 전의 16세와 지금의 16세가 어떻게 다른지 모르나 감정의 변화무쌍함은 다르지 않을 것입니다. 10대의 당신은 뛰어나게 우뚝했습니까. 물정 모르는 말괄량이였습니까. 남편감으로 정해진 상부 고씨의 아들도 안중에 없이, 스스로 나라 바보인 온달을 찾아간 것은 어린 나이가 저지른 치기로만 여기기에는 너무 당당합니다. 공주의 선구적 의식과 행위는 고구려의 광활한 산천을 닮았겠지요. 고구려의 기백입니다.

　공주님, 후생은 바보도 층이 있다고 생각합니다. 본디부터 좀 부족한 사람, 성격상 현실과 타협하지 못하는 사람, 보통 사람이 이해할 수 없는 경지의 초인, 공주의 장군님은 어떻습니까. 장군은 이름을 보면 모자람이 없는 분입니다. 온달은 둥근 달, 이지러진 곳 없는 완전한 보름달입니다. 빈틈없이 가득 찬 것, 그 외에 또 다른 뜻이 있는지 어두운 저는 알 수 없고, 장군의 잠재력을 찾아서 껍질을 깨어준 당신은 온달보다 큰 바보라는 것은 알겠습니다.
　부왕의 우스갯말을 흘려듣지 않고 행동으로 옮겨 부왕의 가슴을 치게 하고, 권위와 체통에 합당한 행위를 요구한 것은 자식 된 자의 도리입니까. 신하 된 자의 도리입니까. 공주를 가리켜, 자애를 용납하지 못하고 상식을 뛰어넘어 바보와 혼인해서, 백지 같은 온달에게 자신의 야망을 주입하고 교육시켜 남편을 조종한 드센 여자로 보는 시선은 어떠합니까. 지나친 비약이라 기분이 언짢으신지요. 생각이 깊지 못한 후생은 큰 바보보다는 드센 여자가 현실감이 있고 더 정이 갑니다.

　공주님,
　풍습대로 아내 될 여자 집을 찾아가서 서옥(사위 집)에서 자게 해달라고 세 번 외쳐 볼 생각조차 못했을 온달을 처음 만났을 때 어떤 심정이었습니까. 스스로 정한 일이라 정성을 다하여 예로 모셨다지만 몸소 부딪쳐 본 가난과 무지의 현실은 어떠합디까. 어마지두에 공주의 남편이 된 온달은 놀람과 혼란, 당황과 의심의 때가 있었겠지요, 결국 인정하고 노력해서 입지전적인 인물이 되었지만 평생을 꿈속에서 보낸 듯했겠습니다. 보석을 찾아낸 당신의 혜안이 부럽습니다.

공주님,
당신의 가난 체험은 잠시였겠지만 천년이 지난 지금도 온달 같은 빈곤층은 여전히 존재합니다. 인간이 물신의 지배를 받는 한 평등은 없다고 봅니다. 민주라는 제도로 계급사회는 붕괴되었다지만, 다른 형태로 계급은 살아나고 계층 간의 괴리는 깊어갑니다. 평민을 배우자로 택한 어려움을 이겨내고 당당했을 공주께 못난 후생이 감히 청을 드립니다.
당신께서 인연 있어 사셨던 이 땅에 작은 소리로 우는 아이들이 있습니다. 굶기를 부자 밥 먹듯이 하여, 기운 없이 울고 살살 말하며 자는 듯이 노는 아이들을 도와주십시오. 아이들이 당신처럼 기운차게 울 수 있게 도와주세요. 평등한 사회가 되면 생존의 기본권은 해결되지만 그것은 이상이고 굶은 아이는 현실입니다.
지금은 고구려의 진대법보다 다양한 빈민 구제의 방법이 많으나 사람의 욕심은 방법의 원활한 운용에 걸림이 됩니다. 자비로운 마음과 명민한 머리, 고구려의 기백을 물려주시어 순한 세상을 살게 도와주십시오.

평강공주님,

후생은 두 분 선조께 부끄럽습니다. 지켜주신 광대한 땅을 물려받지 못해 안타까워하면서 저희는 매일 싸웁니다. 외적도 아니고 저희끼리 자고새며 싸워야 해서 바쁩니다. 목청을 높여야 상대를 이긴 것 같고, 소리를 많이 지른 날은 열심히 일한 것 같아 우쭐한 기분입니다. 오랫동안 외침에 시달리고 좁은 땅에서 비좁게 살다 보니 생각도 잘 아져서 이런가 합니다.

공주님, 저희에게는 큰 바보를 알아볼 눈이 없습니다. 욕심이 지혜를 가려버리는 것이 슬픕니다. 저희를 우매함에서 깨어나게 도와주시고 옳은 일을 실천할 수 있는 용기를 주세요.

주어진 여건에 안주하지 않고 시대를 앞선 생각을 실천하며 인생을 산 여걸. 평양 외곽 진파리라는 곳에 두 분의 무덤이라 전해지는 고분이 있다는데 후생은 사실로 믿고 싶습니다.

후생의 무례를 용서해 주십시오. 영원히 평강하옵소서.

누에치는 여인

어제 성곽에 이르렀다가
돌아갈 때 눈물이 손수건을
흠뻑 적셨네.
몸에 비단옷을 걸친 사람은
누에치는 사람은 아니었네.
―이름없는 잠부(蠶婦)의 시. 양잠인

제 손으로 누에치고 길쌈하는 여인은 비단옷 입기 어렵고.

어제는 성안에 다녀오면서 명주 수건이 흠뻑 젖도록 울었네. 봄부터 부지런히 누에쳐서 베를 짜고 손톱이 닳도록 일을 하여도 나와 내 식구는 늘 험한 음식을 먹고 거친 옷만 입는데, 성안의 고래 등 집에는 부드러운 음식과 비단옷이 넘쳐나는 것을 보니 눈물이 나네. 오르지 못할 나무라 쳐다볼 일 없겠건만 눈이 저 먼저 보고 전하니 내 몰골이 처량하네.

  뽕잎이 자랄 때면 궁궐의 높은 담장 안에서는 후원에다 채상단을 꾸며놓고 어리석은 백성이 본받으라고 친잠례를 지낸다네. 양잠을 귀히 여기니 고맙기는 하네만 궁궐 안의 귀한 분이 비단 아니면 무엇으로 입고 덮겠는가. 재물치레하고 사는 부자가 비단을 마다하겠나.
  성안의 분칠한 기생들이 무명옷 입고 기생 노릇 하려 들까. 제 손 까딱 않고서도 비단만 휘감고 사는 사람을 보면, 평생 비단을 짜면서도 날 위해 옷 한 벌 해 입기 어려운 신세가 서럽고 불쌍해서 길을 가며 내내 울었네.

  봄여름 들일 밭일 바쁜 중에 누에치기 시작되면 잠실에서 지낼 때가 허다하네. 깨끗한 뽕잎 따서 어린누에는 썰어서 주고 자란 누에는 뽕잎째 얹어주면, 누에는 먹고 자고 먹고 자고 넉 잠을 자는 동안 다 자라네. 누에가 한창 먹을 때는 소나기 오는 소리가 나고 무섭게 먹어치우는 것을 그만두면 누에는 다 자란 것이네.
  누에는 가느다란 실을 토하여 제 몸을 하얗게 둘러싸서 고치를 만들고 자신은 번데기로 변신하네. 번데기가 나방으로 탈바꿈하여 고치를 뚫고 나가기 전에 고치를 삶아 실을 뽑으니 그것을 명주실이라 하네.

끝도 없어라 부녀자의 일이라니, 베틀에 올라앉아 수많은 밤을 잠과 싸워가며 곱게 비단을 짠다네. 쪽, 치자, 꼭두서니, 나무껍질 풀뿌리로 오색 물 들여서 홍두깨에 올려 윤기나게 다듬는 동안 내 몸은 부서지고 골병이 들었네. 씨줄 날줄 촘촘한데 내 땀 내 눈물 아니 고인 곳 없으련만, 나와 내 식구는 살 가까이 비단 대어 본 기억이 가물가물하네.

언제였던가, 내 얼굴의 솜털 아직 보시시할 때 댕기머리 올리고 새 각시 되었네. 결 고운 비단으로 연두저고리 다홍치마 모양 좋게 지어 준 것 입고 새 각시 호강했네. 그 호사는 사흘이고 비단옷은 농 밑에서 잠만 자다 어린자식 때때옷이 되었네.

정성으로 누에 쳐서 손끝 야무지게 명주비단 짜내니 발 가늘고 곱다고 근동이 다 아네. 아무 댁 길쌈 솜씨 좋다 하니 부잣집 안주인이 내 명주 탐을 내네. 이쪽 마님은 명주 두어 필에 밭 한 뙈기 소작을 주고, 저쪽 마님은 올이 거치니 어쩌니 흠 찾기에 바쁘네. 남색치마에 자주색 깃 고름과 남색 끝동 댄 옥색 저고리 맵시나게 입은 저들도 나와 같은 여자인데 무슨 대복을 지녔는가.

베 짜는 법은 배워 시집을 갔건만 베틀 구경은 몇 번이나 해 봤으며 한숨 속에 젖어 드는 베틀가 한 대목을 귀 기울여 들어 봤을까. 고방 열쇠 꾸러미 지니기도 한 짐인데 산비탈 밭의 호미 끝에 걸리는 돌을 알 수 있겠나. 양잠하고 직조하는 부녀자의 수고로움을 생각한다면 큰 복 안에서 겸손도 알겠건만.

어제는 성안에 다녀오면서 오래 울었지만 이다음에는 울지 않겠네. 고래 등 집에를 가도, 종로 육의전 거리에 명주필이 쌓여 있다는 면주전 앞을 지난다 해도 눈물 흘리지 않겠네.

그것을 만든다고 뼛골이 녹아나는 이웃의 양잠하는 부녀자들도 나와 같아서 비단옷 걸친 이가 드무네. 내 사대육신 부지런히 움직여서 가족이 춥지 않으니 다행이고, 거친 음식도 달다 하니 보람이라 사방천지에 떳떳하네.

비단옷이 흔한 사람은 나보고 허리 구부리고 살라 하지만, 공평하게 햇빛 주시고 비 내려주시는 하늘은 나보고 허리 펴고 살라 하네. 어느 곳을 향해 고개 들어도 부끄러운 것 없이 살아왔으니 이것이 나의 청복인 듯 손수건 적시며 울 일 없겠네.

울어라 매미

큰 나무 위에서 매미 한 마리가 요란하게 울어 대어 주위의 정적을 깬다.

"나무님, 날씨가 너무 덥지요. 시원하게 해드릴게요. 매앰 매앰 매앰, 바람도 불어야 제 소리도 시원하게 들린다고 하는데 바람기 하나 없네요. 여름이 더운 것은 당연하지만 이건 좀 심하지요. 나무님의 잎사귀가 열탕에 잠시 들어갔다 나온 것처럼 보여 걱정입니다. 나무님이 더위 먹어 탈나면 저희도 큰일인데…….

이렇게 찌는 날은 저도 소리하는 것을 잠시 그쳐야겠습니다. 더워 떠 죽게 생겼는데 무슨 흥으로요. 저야 나무님에게 이렇게 있으니까 더운 줄 모릅니다만, 제 소리 듣는 인간들이 뭐라 할 것 같네요. 그런데 가만히 있으니까 심심한데 제가 이야기 하나 할 테니 들어 보세요.

아시겠지만 저 며칠 전에 허물 벗었습니다. 나무님 발치의 땅속에서 오래 지냈는데 어느 날 몸이 평소와 다른 것을 느꼈어요. 전신이 근질거리고 아프며 가슴도 답답했어요. 별일 아닌 것에도 짜증이 나서 성깔을 부리다가 나중에는 세상 귀찮아서 꿈쩍도 않고 들어앉아 있었어요.

그러자 저보다 두어 살 많은 옆집 굼벵이가 그랬습니다. '네가 어른이 되려고 그런가 보다. 이제 바깥세상으로 나가야겠네. 껍질을 찢는 고통을 겪어야 매미가 된다는데 그날을 위해 마음의 준비를 해라' 고 했어요. 그러면서 고통이란 말에 겁을 먹은 저를 부러운 듯 쳐다보았어요. 왜 부러워하는지 그때는 몰랐는데 지금은 이해할 수 있어요. 허물을 벗으면 날개를 펼 수 있거든요. 매미가 되어서 날개를 가진다는 것은 굼벵이들의 희망입니다.

나무님, 제가 매미가 되는 과정을 겪는 동안 바깥세상에 대한 호기심도 많았지만 솔직히 두려움이 더 컸어요. 그런데 다행스럽게도 저희 집안에, 우리의 생존 방법을 기록해둔 책이 있어 읽어 본 후로는 두려움보다 비장감이 들었어요.

예를 들자면 천적 피하는 법, 나무 선택 요령, 날씨 감지법 같은 것을 비롯해 많이 있는데 거기에 이르기를 이 가운데 첫째는 대를 잇는 것이라고 했어요. 매미의 시간은 굼벵이적 시간보다 턱없이 짧아서 빨리 장가를 가야 한답니다.

나무님, 제가 한번씩 고래고래 소리를 지르는 것은 제 절박한 심정을 표시하는 것이니 이해해 주세요. 요즘은 주변에 큰소리 내는 것이 왜 그렇게 많은지요. 우리는 짝을 찾기 위해서 저의 존재를 상대방에게 확실하게 알려야 합니다. 저의 소리가 다른 소리에 묻혀버리면 곤란하니까 그것보다 더 큰소리를 내야 해요.

옛날 매미보다 지금 매미가 더 그악스럽게 울어 제친다는 불평을 들으면 억울합니다. 저희들 탓은 아니니까요.

나무님, 그 책에는 이런 것도 있어요.

굼벙이 매암이 되야 나래 도쳐 나라 올라
노프나 노픈 남게 소릐 는 조커니와
그 우희 거믜 줄 이시니 그를 조심하여라

이것은 저희 집안에 전해 오는 처세훈입니다. 날개를 달았다고 경망 되이 굴지 말고 늘 겸손하고 매사에 조심하라는 말씀이라 저도 잊지 않고 노력하고 있습니다. 자랑 같지만 우리 매미는 욕심 없고 깨끗하기로 유명하여, 먼 옛날의 호머라는 사람은 우리를 신과 닮았다고 노래했고, 중국에서도 이슬만 먹는 맑고 깨끗한 것이라고 칭송했습니다.

옛날에 관리가 머리에 쓰던 사모를 보면, 좌우에 붙은 뿔이 매미 날개처럼 생겼지요. 듣기로는 청렴한 관리가 되라는 의미로 매미 날개 형상의 모자를 만들었다고 했어요. 이만하면 자랑할 만하지요.

나무님, 사모의 상징성을 아는 관리는 많겠지만 그 정신을 실천한 관리는 몇이나 될까요. 저도 그 자랑스러운 사모가 처음 의도와는 다르게 변질되어, 출세와 권력의 상징이 되고 사모를 쓴 사람끼리 서로 복잡하게 거미줄을 만들어 상처를 입고 입히는 원천이 되었다고 생각해요.

불행한 역사는 반복되고 사모로 드러낸 매미의 영광도 끝났습니다. 정신이 계승되지 못하는 상징물은 왜 만들까요. 전설 속의 동물이라지만 해태도 참 불쌍해요. 소문 들으니 어쩌다가 눈먼 해태가 되었는지 명확했던 시비, 선악의 판단력도 잃어버린 채 돌덩이로 남아 있답니다. 매미와 해태의 영광을 위해 소리 한번 크게 질러야겠습니다. 매앰 매앰 맴매맴.

나무님, 큰 나무님,
오랜 세월 겪어 보아도 이해할 수 없는 것이 사람이라 하셨지요. 곤충에게는 치명적인 줄을 치는 거미는 저가 살기 위해 그런다지만, 신의 피조물 중에 가장 으뜸이라는 사람은 무엇을 위해 보이지도 않는 줄을 치며 사는가요.

누가 그러는데 사람은 타고난 욕망이 우리와는 달라서, 그것을 이루기 위한 방법으로 튼튼하게 질긴 줄을 찾아 평생을 거는데 그렇게 하지 않으면 삶이 불안해서 그런다는 게 맞는가요.

우리가 보기에 사람은 마음속에 무저갱을 두고 있는 것 같아요. 만족을 모르는 욕심 때문에 망가지는 사람을 보면 그들이 한갓 '미물'

이라 부르는 우리보다 나을 것도 없어요.

  나무님, 저는 다음 생애는 사람이 될 겁니다. 값있는 삶이 어떤 것인지, 사람으로 생겨났으면서 인성이 쉽게 무너지는 까닭은 무엇인지 알고 싶어서요.

  나무님, 매미의 시간이 길고 짧은지는 제 느낌에 달렸지만 끝에 오는 죽음을 생각하면 허무해서 눈물이 납니다. 해만 끼치는 저희를 내치지 않고 보아주시는 나무님께 감사하고, 항상 거미줄을 조심하고 대를 잇는다면 제 생은 부끄러운 것이 아니겠지요. 맴맴맴 매앰."

"매미야, 나에게는 많은 것이 찾아온단다. 오면 보듬고 가면 보내면서 사는 것이 내 운명이니 고마워할 것 없다. 여기서 편히 지내라. 매미는 평생 한자리에 서서 볼 것 못 볼 것 다 봐가며 오래 사는 내가 부러운가.

  우리 지금은 살아 있지만 모두 유한한 생명체라는 것은 알고 있겠지. 너무 허무해하거나 서러워 말아라. 나는 해마다 네 종족의 영혼을 보고 있지. 유일한 소유였던 육신까지 놓아버린 그 영혼에게서 고통이나 슬픔을 볼 수 없단다. 우리는 연민으로 그들과 작별을 하지.

  매미야, 너의 영혼도 행복할 것이라 믿고, 지금은 후손을 보기 위해 소리쳐라.

  인간의 귀는 생각하지 말고 네 힘껏 소리 지르고 울어라. 매미야."

청개구리 사모곡

 녹색이 점점 짙어가는 들판에 요란한 개구리 울음, 그 소리 일시에 멎자 들은 더욱 깊은 정적에 빠져든다.

 작은 채소밭의 배추포기 사이에서 무엇이 폴짝 튀어 나온다. 깻잎 위로 옮겨 앉아 꼼짝 않는 것을 가만히 보니 초록색의 반들반들한 피부를 한 청개구리다. 크기가 손톱만한 것이 개구리 모습 갖춘 지 얼마 되지 않아 보인다.
 저 녀석도 비가 오면 울까. 보고 있으니 청개구리 우화가 생각난다. 개구리의 울음은 수컷이 제짝을 찾기 위해 부르는 구애의 노래라는데, 사람이 그것으로 청개구리가 당하기에는 억울한 이야기를 지어냈다. 항상 엇나가기만한 불효자식과 그 자식으로 인하여 영원히 불쌍하게 된 엄마의 이야기는 그 시작이 언제였는지 끊임없이 이어진다.
 어릴 적에 그 이야기를 들을 때는 피이 하고 웃었는데, 이제 들려주는 입장이 되어 보니 한갓 미물의 행태를 빌어서 만든 이야기지만 오래 전승될 가치가 있는 것이라는 생각이 든다.

큰 상 중에 효자 효부 상이 있는 것을 보면, 보통의 자식들은 청개구리와 오십 보 백 보의 차이인 것 같고, 인생을 다하는 날까지 청개구리의 엄마와 같은 처지로 살아갈 엄마들도 대부분이다. 나 역시 이야기 속의 청개구리 닮은 자식이었기에 답답해서 청개구리 불러 하소연한다.

"개굴아 귀여운 개굴아, 놀라게 해서 미안하다만 너 숨은 곳에서 내가 보여도 그냥 있어줘. 너는 풀색 옷을 입었으니 눈 침침한 내가 너를 찾겠나. 요행히 너를 찾은들 잡을 생각은 추호도 없다. 나는 심심풀이로 너를 갖고 놀 악동도 아니고, 형편도 너 같은 것을 고기 대용으로 할 정도는 아니다. 그냥 편안한 자세로 내 이야기 들어주면 된단다.

청개굴아 한 가지 물어보자. 너도 비가 오겠다 싶으면 엄마 산소 걱정으로 그렇게 우니. 그렇구나, 네 툭 불거진 눈을 보니 그랬구나, 얼마나 울면 눈이 그 지경이 되니, 안됐지만 어지간히 울어라. 목청 크게 운다고 해서 효자는 아니더라만, 하기는 요새는 상주도 그렇게 우는 사람은 잘 없더라. 그리고 너희는 엄마를 모가지 긴 것이나 몸통 긴 것에게 속절없이 빼앗기지도 않고 엄마 마지막 원대로 했으니 그것으로 위로 삼으렴.

내가 들으니 너희는 목 잠기는 일도 없이 곡을 잘하더라. 나는 내 어머니 상중에 눈물이 나오지 않아 난감했다. 어머니를 잃었다는 상실감에 기가 막히는데도 눈물이 나오지 않아 민망했어. 상주의 처신을 살피는 문상객의 시선보다, 이제 돌아가셨다는 어머니 보기에 죄송하더라. 어머니는 그런 내 꼴을 보고 아마 '저 인정머리 없는 것이' 하셨을 것 같다. 그래도 내가 울면 몸 상하니 그만 하라고 말렸을지도 모른다.

 내 어머니는, 당신 어머니에게 입속의 혀 같은 딸이셨지만 나는 그런 시늉도 내어 본 적이 없는 딸이니 어머니가 속상할 때가 얼마나 많았겠나. 그런 딸인데도 어머니가 몹시 보고 싶은 때가 있다. 너도 내 맘 같다면 '사무치다' 라는 말의 느낌을 알 거야. 만약 하느님이 어머니를 꼭 한번만 다시 보여준다면 말이다, 나는 내 어머니 못 생긴 손 꼭 잡아 보고 그 품에 안겨 어머니 냄새를 힘껏 맡을 거다. 그리고 엄

마가 사무치게 그리웠단 말만 하겠어. 너는 어떻게 하겠니.

 개굴아 나는 사람으로서, '하찮은 것'으로 치는 너를 상대로 어머니 이야기를 하니 우습지. 불경스럽다는 생각도 든다마는 네가 눈에 띄어서 어릴 때 들은 우화를 기억하고 내 어머니를 생각했으니 나쁠 것이 없다. 내 실없는 말을 대꾸 없이 들어주어서 고맙고 너한테는 어떤 말을 해도 괜찮을 것 같아.

 새하고 쥐는 낮에 말 밤에 말 듣고 옮긴다지만, 너희야 내 말 해 봐야 듣는 사람은 개굴개굴로만 들을 것이니 말 퍼질 걱정은 없네. 어디에 숨었는지 보이지 않는 개굴아, 너희에게 운명으로 지워진 속죄의 울음은 계속 되겠구나. 조심해서 살아라. 고마워."

 논 가운데서 다리 긴 백로가 성큼성큼 걷는다.

참새의 실없는 수다

아까부터 아랫집 지붕 위에서 조그만 것이 혼자 부산스럽다. 기왓장을 밟으며 종종걸음을 치다가 부리로 콕콕 찍기도 하고 주변을 몇 번씩 날더니 꼼짝 않고 오도카니 서 있기를 되풀이한다.

획—, 조그만 것이 개나리 생 울타리를 넘어 마당의 감나무 아래로 내려앉는다. "저요, 저 좀 봐요. 저라고요 새. 아휴, 제가 별 볼일 없게 생긴 흔한 것이기는 하지만 그렇다고 사람의 시선끌기가 이렇게 어려운가요. 안녕하세요. 새나 사람이나 인사성이 발라야 대접을 받지요. 가만 보니 이 동네 분은 아닌 것 같은데 맞지요. 제가 입만 빠른 것이 아니라 눈도 보통 야무진 것이 아니거든요. 이 댁 하고는 어떻게 되는가요. 여기에 이 집 들어선 지 3년이 다 되어 가는데 아직도 손님이 많이 와요. 주인아주머니가 손님 치다꺼리에 등골 휘게 생겼어요. 그렇다고 제가 도와줄 형편은 못 되고요. 하여튼 공기 좋고 조용한 곳에

전원주택 지어 이사 온 것이 잘한 일인지 모르겠네요.

　그건 그렇고 제가 누군지는 첫눈에 아셨겠지만 그래도 정식으로 제소개를 하겠습니다. 제 성은 '참'이고 이름은 '수다'입니다. 저의 몸 색깔은 전체적으로 갈색 톤으로 턱 아래는 블랙이고 배 쪽은 주로 옅은 그레이입니다. 몸길이 145mm에 체중은 오옵…… 미안하지만 말할 수 없어요, 조금 비만이걸랑요. 살을 빼야 하는데 지금 사방에 널린 것이 입맛 당기는 것이니 이렇게 옴포동이가 되었어요. 말이 길어졌는데 간단하게 얼른 말하자면 제가 바로 '참새'라는 얘기지요.
　말이란, 상대방이 내 말을 완전히 이해했다는 판단이 설 때까지 자세자세 미주알고주알 하는 것이 맞지요. 금방 만나서 저에 대하여 아는 것이 별로 없을 것 같으니 계속 제 소개를 할게요. 괜찮지요.

　저 '참 수다'로 말씀드릴 것 같으면, 먼저 고향은 역사적으로 보나 뭐로 보나 여기입니다. 참새 주제에 무슨 역사까지 하겠지만요, 헤아릴 수도 없는 아득한 조상 때부터 이 땅에서 살았으니 제가 체수는 작아도 전통 있고 뼈대 강한 참새 가문의 후손입니다. 그러니까 사람들도 옛날부터 저희를 보고 텃새라는 말로 그것을 인정했지요. 전통이란 것이 마음만 먹으면 어디 가서 돈 주고 단박 사 올 수 있는 물건도 아니고, 빌리고 돌려주고 할 성질의 것도 아니라 그 생각하면 참 '아함' 소리가 절로 나옵니다. 뼈대도 그래요. 그 아득한 날부터 이날 이때까지 참새란 것이 소멸되지 않고 이어온 것을 보면 보통 강한 뼈가 아니죠.

지금 세상에야 그런 사람 없지만, 제가 듣기로는 옛날에는 태평성대를 위해 봉황을 부르고 부부 금슬을 위해 비익조가 되기를 꿈꾸는 사람들도 있었대요. 그 봉황이니 비익조니 하는 것이 아무리 대단한 것이라 해도 실제로 존재하지 않는데 무슨 가치가 있습니까. 우리 참새야 옛날부터 사람들과 함께 호흡하고 사는 새지, 처음부터 상상이 만들어낸 거룩하고 신비에 쌓인 새거나 아주 먼 옛날 어디선가 존재했다가 멸종되면서, 신화처럼 전설처럼 이름만 전해 오면서 인간의 상상이 이야기를 덧붙였을지도 모르는 그런 천상의 새는 아니지요. 우리야말로 화려한 깃털도 없고 멋있는 볏도 없는 조그맣고 흔한 새지만 진짜 새입니다. 이름이 '참새'인데 무슨 말이 더 필요하겠어요.

사람들은 대화 중에 말이 모자라면 그만 붕새의 큰 뜻을 참새가 어찌 짐작하겠느냐면서 상대방 기죽이기를 합니다. 참말로 웃기는 말이네요. 그러면, 지구상에 있지도 않는 붕새에게 가서 참새의 뜻은 무엇이드냐고 물어본 사람 있든가요. 사람도 작게 생긴 사람은 죄다 생각도 잘아빠진 좀팽인가요. 아니잖아요. 절대 아니지요.
나는 참새가 감히라는 말 들리면 열 받아서 팔짝팔짝 뛰지만 그래도 이해는 해요. 사람들의 세상살이가 얼마나 힘들고 팍팍하면 봉황이니 붕새니 하는 새를 만들어 놓고 그것들과 함께 노니는 유토피아를 꿈꾸었겠어요.

지금 사람은 그런 터무니없는 새를 그리지 않아도 문명이 발달하여 살기만 좋다는데, 우리 참새는 생활하기가 점점 더 힘들어져요. 우리야말로 봉황 같은 걸 만들어야 할 때인가 봐요. 희망을 위해서요. 참새가 살지 못하는 세상은 사람도 살지 못하는 것 아닌가요. 우리도 축복받고 태어난 생명인데 부디 생각해 주세요. 말 나온 김에 우리 참새 이야기를 주욱 하고 싶지만, 말이 길어지면 자랑이 되고 자랑 끝에 쉬슨다고 했으니 딱 하나만 할게요. 제일 중요합니다.

그것은 우리 참새가 말재주가 뛰어나다는 것이지요. 사람들은 우리의 이런 재주를 '수다스럽다'는 것으로 표현하며 점잖지 못한 까불이 정도로 이해를 하는 모양인데 괜찮아요 몰라서 그런 것을. 가만히 보니까, 요즘은 사람이 우리 참새를 닮아 가는지 '수다 떤다'는 행위를 무척 좋아합디다.

나도 사람과 이웃해서 살다 보니 사람에 대해서는 빠삭합니다. 에―, 현재 인간사회의 전반적인 흐름은 사람이 우리의 수다스러움을 따라잡기 위해 총력을 기울이며 달려오는 형상입니다.

우선 이사회에서 일어나는 여러 가지 상황을 총체적으로 보여주는 TV를 켜 보세요. 사람들이 무더기로 등장해서 저마다 제 목청 키우기 경쟁을 하며 와글대고, 생동감인지 현장감인지를 살린다고 신호에 따라 감탄사 내지르기 등, 수다를 강요 또는 강조하는 것을 흔히 봅니다. 수다의 대명사인 저희가 보아도 심하다 싶게 시끄러운데 사람들이 이제 그런 것에 중독이 됐나 봐요. 솔직히 우리보다 더 시끄러운 곳이 인간사회입디다. 사람이 참새를 따르는 현실에 저야 기분 좋지만, 이러다가 사람들의 수다스러움이 저희 참새를 뛰어넘는 날이 올 것 같아 마음이 켕기는 것은 사실입니다.

　마지막으로 진짜 끝으로 한마디만 할게요. 우리가 욕먹어 가면서도 인간 가까이에 의지해 살아가는 까닭을 아시라고요. 저희같이 약한 것에는 천적이 많아요. 뭣한 말이지만 사람도 그중 하나지요. 천적을 피하여 살 수밖에 없는 운명이라면 제일 센 쪽에 붙어야지요. 힘센 차례로 대통령 뽑는다면 코끼리나 황소가 대통령 하겠지만, 동물 중에 사람보다 영리한 것이 어디 있나요. 세상이 아직은 동물농장으로 변한 것은 아니니까 똑똑한 사람에게 의지해 그 턱밑에 살면서 다른 천적으로부터 보호를 받자는 거죠. 모르기는 해도 제비 역시 우리와 비슷하게 머리 굴렸을 겁니다. 사람 중에는 때론 참새 살점도 고기라고 밝히는 부류가 있어 저희 중에 희생을 당하는 경우가 있지만, 다수의 평화를 위해 눈감고 있습니다. 그러니 집 마당에서 새똥 맞아도 이해해 주세요. 어쩌겠습니까 팬티도 안 입는 처지에. 이말 하려고 말이 길어졌습니다.

　제가 여태 수다를 떤 것은, 세상의 많은 새 중에 유일하게 '참' 이란 말을 붙이고 사는 새로서 우리의 존재 가치를 좀 알리고 싶고, 우리에게는 문제될 것이 없는 수다스러움이 사람에게는 약도 되고 힘도 되는 것을 제가 알았다는 것을 말하고 싶었어요. 부탁하는데 겉모습만 화려한 새만 찾지 말고 진짜 새의 가치를 알아주세요. 참된 것은 거짓도 속임수도 모르는 것이잖아요.

 이제는 '참 수다'의 말을 모두 이해…… 어, 이 아주머니 어디로 갔지. 내 말 끝나지도 않았는데 없어졌네. 예의도 없이. 하기사 참새하고 인간이 언제는 예의 찾고 살았나. 그래도 오늘은 사람 상대로 수다를 떨어 기분이 좋아. 이 가을에 시골 풍경이야 환장하게 좋지만, 우리 동네사람들은 일 더미에 파묻혀 아플 사이도 없는데 그 낯선 아줌마도 심심해서 날 봐주었겠나. 내 모양이 워낙 귀여우니까 그랬겠지. 오랜만에 왕 수다를 떨었더니 배가 고프네. 다이어트해야 되는데 먹어 말어…… 에라, 먹자 에너지 소비를 많이 했으니 괜찮을 거야. 새참 먹으러 가야지.

 오, 해피데이. 날 아 간 다 아."

사모님과 싸모님

스승의 부인을 사모님이라 부른다고 배웠다.
　그동안 많은 선생님을 만나 그 덕에 사람 구실을 하고 사는데, 사모님이란 말을 해 볼 기회도 없이 어느새 그 말을 듣는 입장이 되었다. 남편이 교단에 서는 입장도 아니면서 그 호칭을 듣자니 좀 겸연쩍었는데 지금은 여러 곳에서 여러 사람이 그렇게 부르니 예사로 듣게 되었다.

　도심의 재래시장을 주로 이용할 무렵에, 상인들의 지나친 상행위에 장보기가 겁이 날 때가 있었다. 많은 물건에 치이고 장사꾼의 위협적인 호객행위에 질려서 발길을 백화점으로 돌렸다. 거기는 눈요기만 해도 뭐라고 하지 않아 편한데 물욕에서 생기는 갈등이 상당했다.
　처음 사모님 소리를 들은 것도 백화점이라고 생각된다. 아주머니 혹은 손님이라고 하던 자리에 사모님을 넣어 고객들로 하여금 대접받는다는 기분이 들게 한다. 매출을 올리려는 일종의 판매 전략인지 모르지만, 아주머니 또는 손님으로 불리던 사람이 어느 날부터 사모님 소리를 들으니 영 어색했다. 그래도 요즘은 고객님이라 하니 듣기 괜찮다.

아주머니 얼굴이 돈으로만 보였는지 여러 곳에서 불러대어 사모님 사태가 난다 싶더니, 사모님이란 단어 자체도 된소리를 즐겨내는 유행에 맞추어 싸모님이라 발음한다. 아주머니란 말이 아줌마가 되어 두루춘풍으로 쓰이게 되면서부터 아주머니가 홀대받는 느낌이더니, 사모님이 싸모님이 되자 그 짝이 된 듯하다.
　그래서 구분을 했다. 제비족의 기분파 아줌마가 되어 자식을 버리는 아줌마, 사기 부동산 브로커와 공생관계인 복부인 아줌마, 안방에다가 벼슬 가게 차린 간 큰 아줌마, 어른 아이 구별 못하는 싸가지 아줌마, 저 잘난 기분에 취해서 세상을 가지고 놀려는 아줌마들은 모두 싸모님이다. 그래야 진짜 사모님을 보호할 수 있다.

사모님도 사모님 나름인 듯 심심하면 한번씩 대단한 사모님이 온 나라를 흔들며 부웅 뜰 때가 있다. 신문과 TV를 장식한 사모님의 모습은 남편을 높은 자리의 사람으로 키워낸 내조자답게 면면이 똑똑해 보였다.
　그중에는 애초부터 남편의 입신양명에 목적을 두고, 권력 주변에서 얼씬거리며 확실한 눈도장을 몇 개 찍기 위해 피나는 노력을 한 사모님도 있을 것이다. 유서 깊은 베갯머리송사의 위력을 믿고 안방마님을 공략하는 일은 아무나 못한다. 치밀한 두뇌, 재력, 연줄, 언변과 시간이 어우러져야 높은 분의 안방마님 내편 만들기가 가능하다. 영악한 부인의 내조도 한몫을 하여 남편이 원하던 감투를 썼을 때, 언젠가 유행하던 '뭐 위의 무엇' 이 되어 권력의 맛을 즐기는 오만 방자한 부인은 사모님이 아니고 싸모님이다.

권력은 잡으면 중독성이 있는지 더 큰 권력을 원하고 그것을 이루기 위한 수단으로 금력이 필요하다. 금력은 커질수록 권력의 필요성이 절실하니 그 둘은 분리될 수 없는 운명이다. 계산을 밑자리에 깐 만남이 가면을 쓰고 은밀하게 이뤄지며, 사방팔방으로 예민하게 촉수를 움직여 그들만의 세계를 만들고 철옹성을 쌓는다.
음험한 권력과 금력으로 쌓은 성안에 안주하여 심술단지만 안고 살면서, 세상이 자신들을 귀족으로 여겨주기를 바란다. 고귀한 신분에 마땅히 따르는 도덕상의 의무를 무시하고 그 명예만 탐내는 사모님은 싸모님이다.

선생님의 부인이 아니라도 남편의 사회적 위치가 올라가면, 부인도 사모님 소리를 들으니 남편의 위상에 걸맞게 자신을 돌보며 성숙해져야 한다. 사교 그룹에 들어가 봉사활동 시늉 내고, 하찮게 보일세라 명품으로 뒤발한 채 귀부인과 한 테이블에 앉고, 우아한 표정 지으며 문화행사에 얼굴 한두 번 내민다고 신분 상승이 되고 잘난 사모님이 되는 것이 아니다.

 많은 사모님들 중에는 남편의 후광에 의지하지 않고, 사모님이란 타이틀을 잡았으니 알아서 모시라고 억지 부리는 일 없이, 진실되게 정성을 다해 자신의 역할을 하는 사모님들도 있다. 자칭 잘난 사모님들이 설쳐대는 세상이라 진짜 잘난 사모님까지 덤터기를 쓰게 생겼다.

 진실로 좋은 사모님이 많으면 세상일도 순조롭게 흐를 것이다.

강릉 근처

한해의 겨울이 무거운 자락을 끌며 사라지고 두터워진 햇살이 휴식 중인 대지를 깨우는 계절. 훈풍에 곁다리로 따라온 황사가 앞을 가려도 꽃은 화려하게 피면서 겨울의 자취를 지워간다. 아름다운 시절, 봄날의 강릉을 함께 보자는 문우의 초청으로 일행과 함께 대관령을 넘었다.

헌화로
 강원도 산천, 고둥 속 같은 길을 조바심하며 돌아들면 산이 우뚝 앞을 막는가 하면, 안개와 구름에 싸인 봉우리들이 눈 아래서 숨바꼭질한다. 산이 아직 어린것들로 봉긋한데 봄꽃은 피어서 움츠린 마음을 생기 가득한 양지로 이끌어 준다.
 4월의 산은, 지난겨울이 아쉬움으로 남겨둔 눈꽃의 흰색과 새싹의 연두와 벚꽃의 연분홍 진달래의 진분홍이 어우러져 아른아른 다가온다. 산마을 어느 집의 담장 곁에서 활짝 웃는 개나리는 옛날의 언년이처럼 천진스럽다.

해가 긴 봄날, 산과 들을 뒤져도 배가 고픈 아이들은 진달래를 참꽃이라 부르며 꽃잎 한주먹 입에 넣고서도 행복하다. 진달래는 나무꾼의 지게 위에서, 연애 대장의 손에서, 정신을 놓아버린 이의 머리에 꽂혀서 우리들의 이야기를 한다.

신라의 강릉 태수 순정공의 부인은 경국지색이었다. 순시중인 남편을 따라나섰던 수로부인은 주변을 구경하던 중 벼랑 높은 곳에 핀 철쭉이 눈에 띄었다. 꽃을 꺾어주기를 원했으나 험한 벼랑에 오르는 사람이 없다. 그때 소를 몰고 가던 어떤 노인이 그 꽃을 꺾어 부인에게 바치며 노래를 불렀는데 그 노래가 '헌화가'로 삼국유사에 전한다고 한다.

보는 사람마다 넋을 잃고 바다의 용왕도 탐을 내는 수려한 용모 때문에 수로부인의 움직임은 그 자체가 사건이 된다. 그녀는 천길 절벽의 것이 아니라도 꽃을 구할 수 있을 처지인데 무엇 때문에 굳이 그것을 원했을까. 사람의 손이 닿지 못할 곳에 핀 꽃이라 기이하고 궁금해서인가, 혹은 자신의 미모 앞에서는 누구나 속수무책이 된다는 것을 알고 있는 부인이 절벽의 꽃을 기회로 주위의 인물들을 시험해 보았을까.

옛날이나 지금이나 특출한 미모의 여성에게는 축복과 구속이 함께 하는 것 같다. 미모가 수단이 되어 원하는 것을 이루는 성취감 속에 평생을 지낼 수도 있지만, 뭇시선과 관심에서 벗어나기 어렵고 보호라는 이름의 울타리 속에 갇혀 원하지 않게 행동의 제약을 받는다.

수로부인은 잘 타고난 외모만으로도 축복받은 인생이겠지만 세상 누구에게도 완전한 만족이란 없다. 채워질수록 더 많이 요구하는 것이 인간의 욕망이라는데 부인이라고 달랐을까. 모든 것이 갖추어진 속에서 자신이 화려한 꽃이 되어 지내는 동안, 산꽃 들꽃의 야성과 자유가 부러울 때도 있었을 것이다.

부인은 꽃을 받고 만족했을까. 어쩌면 절벽이란 한정된 공간에서 떨어져 나온 그 꽃을 동해의 거친 바다에 띄우며 떠나가서 마음대로 세상을 보고 더 큰 세상을 만나라고 했을 것 같다. 강릉의 도로 한곳에 '헌화로'라는 이름을 붙인 강릉 사람은 그 옛날의 소 끌던 노인과 수로부인을 깨워놓고 우리와 만나게 한다.

정동진

'저 산은 내게 내려가라 내려가라 하네' 라는 노랫말처럼 산에서 내려가다 보면 만나는 동해, 그 푸름과 거침없음이 통쾌하다. 가장 단순한 감탄사로만 동해를 표현할 수밖에 없는 답답함에 눈만 크게 뜬다. 산과 바다, 파도와 흰 모래가 가까이 있는 간이역에는 밤기차가 선다.

붉은 해면에서 떠오르는 해를 대면하며 느끼는 감정을 흩뜨리지 않고 그대로 싸안은 채 가만히 있고 싶은 곳 정동진. 사람에게 부대끼지 않아 소박하고 한적하여 좋았던 이곳도 그만의 분위기를 잃어간다. 먹고 자고 배설하는 기본 욕구를 해결할 수 있는 곳이 생겨나서 구경

꾼은 편리한데 도시 근교의 경망스러움까지 스며들까 염려된다.

드라마 한편으로 유발된 사람들의 호기심은 한산한 바닷가 마을을 관광지로 만들었다. 그곳의 새로운 변신이 원주민의 생활에 이익이 되어서, 잃는 것보다 얻는 것이 훨씬 많은 결과를 보았으면 좋겠다. 사방에 흔한 유원지를 흉내내어 반짝 경기를 탈 것이 아니라, 뛰어난 경관과 그곳만의 정서가 오염되지 않는 관광지가 되어 주민과 손님이 함께 만족하는 곳이 되기를 기대한다.

처음 같이 깨끗하고 순박한 것은 사람을 질리게 하지 않고 위로를 준다. 정동진의 일출이 장엄하고 반가운 것은 밤 동안 해를 쉬게 한 바다와 산과 대지가 처음같이 함께 있어서다.

까마득한 때, 짐승이 달리고 사람이 밟아서 생긴 길을 노인은 소를 끌고 수로부인은 수레를 타고 지금 우리는 그 길에 헌화로라 이름하며 자동차를 타고 지나간다. 우리 모두의 근심이 풀려서 헌화로를 다시 걸어갈 수 있을 때면 신 새벽 바다에서 올라오는 해를 가슴에 담고서 가장 높은 벼랑을 볼 것이다.

그 옛날에 피었던 철쭉은 지금도 피었을까.

먼 곳에서 만난 것 1
― 낯선 것들

아이들과 인도 음식점에 갔다. 처음 가 본 그곳에는 특유의 향신료 냄새가 스며 있고, 유난히 검은 머리에 검은 눈을 가진 남자들이 서두르는 기색 없이 조용조용히 움직인다. 이날 우리 가족은 빵과 케밥을 먹으며 옛이야기를 했다.

30년도 더 전에 남편과 나는 생후 16개월이 된 쌍둥이를 데리고 남편의 직장이 있는 이란으로 갔다. 처음 겪는 외국생활이 걱정된 나는 어떤 설렘도 없이 불안한 마음만으로 비행기를 탔다.

남편의 숙소가 있는 곳은 카스피해 연안의 작은 도시로 바람이 심하게 부는 날은 파도치는 소리가 방 안에서도 들렸다. 같은 건물의 아래층에 충남 공주 출신의 아주머니 가족이 살고 있어서 내게 큰 의지가 되었는데, 그곳에서 지내는 동안 점잖은 남편분과 인정 많고 활달한 성격의 부인에게 많은 도움을 받았다.

1975년 우리가 갔을 당시의 이란은 팔레비 국왕의 통치하에 있었다. 테헤란이나 지방할 것 없이 국왕의 초상화가 곳곳에 걸려 있는 것이 생소했고 그 모습이 전제군주를 느끼게 했다.

―차도르

얇고 커다란 천으로 머리부터 감싸고 몸을 가리고 다니는 여자들의 모습은 매우 낯선 광경이었다. '차도르'라 부르는 홑이불 같은 것을 항상 두르고 있는 것을 보면 불편해 보이는데 그들은 그렇지도 않는 모양이고, 당연히 착용해야 되는 것으로 인식했다.

당시만 해도 젊은이들은 그것을 벗어버리는 추세였고, 도시보다 시골로 갈수록 차도르 두른 여자들이 많았다. 한번은 앞뒤 모습을 분간할 수 없는 사람이 서 있어서 놀란 적이 있다. 덩치도 큰 사람이 검정색 차도르를 머리부터 발끝까지 완전히 뒤집어쓰고 있는데 꼭 무슨 만화에 나오는 어둠의 인물같이 보였다. 걸을 때와 눈 있는 쪽에 안경 길이 정도 되는 흰 망사천이 붙여진 것을 보고 앞인 줄 알았다. 촘촘한 망사 천 조각이 그 이상한 차도르의 유일한 숨구멍처럼 보였고, 그녀가 세상을 볼 수 있는 창구도 그만큼 한정되어 있다는 것을 상징하는 것 같았다. 나중에 들으니 상중에 두르는 차도르라는데 검정색은 모두 상복인지는 모르겠다.

얼마 전 차도르를 두른 젊고 예쁜 학생이 우리 모슬렘은 모두 행복하게 살고 있다는 뜻으로 인터뷰하는 것을 보았다. 차도르를 벗어던지는 것으로 여성해방을 이야기한 시절도 있었는데…… 모슬렘 여자들의 행복한 삶이란 어떤 것일까.

―밥

 공주 아주머니 댁과 우리는 외식할 기회가 있으면 바닷가 언덕에 있는 레스토랑으로 갔다. 우리는 가게 이름 대신에 검은 돌을 사용한 건물의 외관을 보고 '검은 집'이라 불렀다.

 이란에 가서 처음 대한 밥은 낯설었다. 접시에 담아 나온 밥이 밥알마다 따로 노는 것이 여태 먹던 것과 다르고 맛도 없었다. 집에서는 우리 것과 비슷한 품종의 쌀을 사다 먹는데 밖에서는 그럴 수가 없다. 검은 집의 밥도 훌훌 날아다니는 밥인데 그래도 그 집 것은 고소하고 간이 되어서 맛있었다. 그 밥에 양고기나 닭고기 케밥과 야채 피클을 반찬으로 먹으면 훌륭했다.

 이란인 집에서 잠시 살았던 아주머니에 의하면 그들의 밥하는 방법이 우리와 달랐다. 불린 쌀에 물을 부어 끓으면 물은 쏟아내고 반쯤 익은 쌀에다 기름덩어리와 소금을 넣고 다시 찐다고 한다. 그것으로 찰기 없는 쌀에 대해 인식이 바뀌었다.

 한번은 이웃에서 별식이라며 하얀 그릇에 노란 죽을 가득 담아 가져왔다. 라마단을 끝낸 축하음식인지 견과류로 장식도 했는데 현기증 나게 샛노란색에 질리게 단 음식이었다. 그 죽이 비싸다는 향료 샤프란을 넣어 끓인다는 것을 나중에 알았다.

 인도 음식점에서 얇게 밀어 화덕에 구운 빵을 난이라 했는데, 이란에서도 그러는 것 같다. 밀가루 반죽을 넓고 얇게 밀어서 나무 숯불에 달구어진 화덕의 안쪽 옆구리에 턱 갖다 붙이면 반죽이 군데군데 부풀면서 구수한 냄새가 난다. 이란 사람들은 그것에 생파 같은 야채나

고기를 싸서 먹거나 진음식에 찍어 먹기도 한다.

우리는 구멍도 잘 나고 거뭇거뭇 탄 자국이 있는 그 빵을 너덜너덜해 보인다고 걸레 빵이라 하면서 잘 먹었다. 밀가루에 소금 간만 했지만 화덕에서 갓 나온 것은 바삭바삭하고 맛있었다. 그곳에선 남자들이 주로 장을 보는데, 빵을 많이 사서 팔에 걸치거나 자전거에 싣고 가는 모습은 흔히 볼 수 있는 광경이었다.

술 없이도 춤 잘 추고 잘 놀던 사람들, 날씬하던 몸이 30살만 넘으면 살이 쪄서 가슴이 커다란 풍선처럼 되는 여자들, 아침이면 방문 앞에서 서툴게 우리 아이 이름을 부르던 하산과 마리암이란 이국 이름, 모스코에서 울려오는 낭랑한 소리, 비린 기억밖에 없는 철갑상어의 알, 돌아다니는 짐승을 위해 남긴 음식물 그릇을 대문 밖에 내어놓던 사람들, 물통이 있는 재래식 변소, 처음에는 모두 낯선 모습이었고, 낯선 이름이었지만 사람들이 착하고 순박하여 살다 보니 정이 들었다.

어느새 서른이 넘은 아이들은 부모의 추억담을 꿈속의 일인 듯 듣는다. 거기 있는 동안 이스파한과 페르세폴리스도 못 가 봤지만, 이제는 그런 곳보다 아이들과 함께 우리가 잠시 살았던 막내의 안태고향에나 가 보고 싶다.

먼 곳에서 만난 것 2
— 큰 하늘

5월 화창한 날에 서유럽으로 여행을 떠났다.

내 어릴 적 꿈 가운데 하나가 이뤄진다는 사실에 가슴이 벙벙하여 긴 비행시간도 좁은 의자도 불편한 줄 몰랐다.

첫 기착지인 이탈리아 땅에 발을 내딛으며 이국의 냄새를 맡았다. 곧이어 우리 일행도 이 나라에서 흔히 보는 단체관광객이 되어 인솔자를 놓칠세라 부지런히 따라다녔다. 수십 년 전 학창 시절의 수학여행 때와 다를 바 없는, 설명 듣고 증명사진 찍고 이동하고를 되풀이하며 이탈리아 유명 관광지를 보았다.

이곳에서도 관광버스는 두 시간 만에 한번씩 Bar라고 적힌 곳에서 잠시 쉬었다. 고속도로 휴게소 비슷한 곳으로, 생리적인 것을 해결하고 진열된 상품을 구경하고 간식거리를 산다. 살랑거리는 바람 속에서 마셨던 한 잔의 커피맛은 잊을 수가 없다. 베네치아에서 밀라노로

가는 동안, 넓은 들판 가득히 익어가는 밀과 푸른 채소밭, 과일나무, 풍부한 강줄기를 계속 만난다.

　이 나라의 문화유적을 볼 때는 조상 덕을 톡톡히 보고 있는 사람들이 부러웠는데, 풍요로운 대지와 아름다운 풍광을 대하니 언젠가는 사라질 유한한 것에 대한 부러움은 잠시였다. 가도 가도 계속되는 곡식으로 가득한 대평원은 정말 부러웠다.

　롬바르디아 평원지대는 이탈리아의 곡식창고.

　한 자세로 계속 앉아 있으니 몸이 좀 누워 보자고 야단이다. 그래도 창밖으로 보이는 풍경은 놓칠 수가 없어 잠시 줄 수는 있어도 잠은 잘 수 없다며 안간힘을 쓴다. 결국 몸이 하자는 대로 해 본다고 버스의 창틀 위에 팔을 놓고 그곳에 머리를 얹고 얼굴은 옆으로 돌렸다. 자세를 바꾸니까 좀 편한 것 같고 그래도 누운 시늉을 한 것인지 시선이 하늘로 향했다. 순간 눈앞이 환해지는 느낌이었다.

　무지무지하게 넓은 하늘이 거기 있어 나는 하늘을 통째로 전부 본 것 같아 엄마야 소리가 나왔다. 땅과 맞닿은 하늘, 저런 하늘이 있네. 왜 여태 못 보았을까. 나는 자신이 땅덩어리 아담한 나라의 산골 태생이며 고층아파트로 둘러싸인 곳에 살고 있다는 사실을 잠시 잊었다. 평생에 대평원을 본 일이 없는 나는 우리나라 곡창지대의 지평선, 바닷가에서 본 수평선을 떠올렸지만 저것만큼은 아니었다. 광활한 평원과 그 위의 큰 하늘.

　우리에게도 한때는 저것보다 더 넓은 대지와 하늘이 있었다지만 지금은 우리와 인연이 먼 것이 되어버렸다. 땅은 놓쳤지만 쟁취하고 빼앗기는 역사 속에서 우리가 소멸되지 않고 지금까지 이어져 내려왔다는 사실에 만족하며 이국의 하늘을 본다. 나그네가 무슨 탐을 내겠나. 문득 저런 하늘은 넓다라는 말 대신 크다라는 말을 붙여 큰 하늘이라고 불러야만 한다는 생각이 들었다. 푸르고 맑을 때는 높은 하늘, 지금처럼 흐린 날은 커다란 하늘, 넓다는 말은 대지에게만 붙여줘야겠다.

큰 하늘은 여태까지 보아 온 하늘이 전부인 줄 알던 내 앞에 느닷없이 나타나니 내 눈과 머리를 아주 맑게 닦아주었다. 맑아지는 느낌을 잘 표현할 수는 없지만, 생각에는 눈과 머릿속을 항상 덮고 있던 옅은 안개 같은 것이 순식간에 싹 없어진 듯했다. 언제 어디서 그런 느낌을 다시 경험할 수 있을런지. 저렇게 큰 하늘과 늘 함께 있는 사람은 분명히 큰 하늘을 닮은 마음으로 세상을 살아갈 것 같다.

그렇게, 큰 하늘은 내가 자세를 낮추자 보이지 않던 것을 보이게 하고 느끼지 못했던 것을 느끼게 해 준다. 옛 사람들이 남긴 아름답고 위대한 유산과, 낯선 풍경을 만나기 위한 여행길에서 알게 된 큰 하늘이 내게는 신선한 충격이고 덤으로 받은 잊지 못할 선물이다.

우리들의 버스는 대평원을 지나 밀라노 또는 밀란에 도착.
이 부유한 큰 도시도 그 큰 하늘 아래 있다.

먼 곳에서 만난 것 3
— 큰 강

선배님,

말씀드린 대로 5월 말에 유럽으로 여행을 갔습니다. 관광하는 동안 날씨가 좋아서 복을 곱으로 받은 기분이었습니다. 그곳은 선배님도 이미 가 보셨던 곳이니 같은 것을 본 제 느낌을 적어 보내 드리니 읽으시며 회상해 보시기 바랍니다.

여행의 시작은 로마였고 그래서인지 몇 나라를 주마간산 격으로 돌아다닌 중에도 이탈리아가 기억에 많이 남아 있습니다. 선배님, 저는 로마라는 엄청난 문화유산을 상속받은 사람들이 부러웠습니다. 거대한 석조건물의 폐허에서 만나는 많은 관광객들 그들을 로마로 이탈리아로 찾아오게 하는 것은 무엇일까요? 제가 그곳에 관심이 많았던 것은 학교에서 받은 역사교육의 영향과, 냉전시대를 살면서 어느 한쪽의 문화에만 편중되게 접했던 결과라고 생각합니다. 로마, 바티칸, 피렌체, 베네체아, 폼페이 모두 너무나 귀에 익은 이름이듯이 거기서 본 것 가운데는 눈에 익숙한 것도 많았습니다. 어떤 유명한 것의 실물을 직접 봤다는 것으로 만족하고 그 증표로 증명사진도 찍었습니다.

선배님,
저희는 처음에 이곳 사람들이 잘난 조상 덕에 편하게 먹고 산다고 부러움에 비아냥거렸습니다. 선배님도 시내의 골목길에 세워둔 자동차를 보셨지요. 대부분이 앙중맞고 예쁜 소형차라 우리는 붕붕카라며 신기한 듯 쳐다보았습니다. 우리나라에서 고만한 것 몰고 다니면 운전자는 자신의 차보다 못한 대접을 받겠지요. 선배님, 그들의 형편이 우리보다 못해서 그렇겠습니까. 조상으로부터 물려받은 재산을 지키기 위하여 불편을 감수하는 것이지요. 문화유산으로 덕을 보는 만큼 그것을 훼손 없이 다음 세대로 전해야 될 의무와 책임 또한 막중할 것으로 생각됩니다.

선배님,
우리는 베네치아를 보기 위해 버스를 타고 북동쪽으로 가고 있었습니다. 이 나라는 우리와 반대로 북쪽으로 갈수록 넓은 들이 많이 보였습니다. 북부의 대평원지대를 지나서 더 북쪽으로 가면 알프스와 만나게 되니까 거기서는 아름다운 호수와 산을 많이 보겠지요.
먼저 폼페이와 카프리 섬에 갈 때 이탈리아 남부지방을 잠시 보았습니다. 산과 구릉이 많고 넓은 밀밭도 있지만 올리브나무와 오렌지나무 같은 것이 많이 보였습니다. 그리고, '오 밝은 햇빛' 하고 외쳐대는 찬란한 햇살도 분명히 거기에 있었습니다. 그곳도 강촌보다 산촌이 살기가 팍팍한지 기찻길 옆 허름한 동네에는 구차한 빨래들이 널려 있습니다. 북부의 기름진 들녘의 살림과 남부 척박한 산골 살림이 같을 수야 없지만 그렇다고 같은 국민들끼리 앙숙으로 지낼 것은 없겠지요.

선배님,

버스가 평범한 다리를 건너는데 강둑에 꽂아둔 푯말이 눈에 들어왔습니다. 'Po'였습니다. 방금 건너온 다리 아래를 흐르는 강이 포 강인 것을 알고 멀어져 가는 물줄기를 돌아보며 저의 행운에 감사했습니다. 선배님, 저는 포 강을 보았습니다. 기대를 하고 바라던 것이 이루어졌을 때의 감동을 선배님도 아시겠지요. 제가 잠시 본 것은 포 강의 아주 작은 일부이지만 저는 그것만으로도 행복하여 마음은 '돈까밀로 신부와 빼뽀네 읍장'이 사사건건 마주 겨루며 살고 있는 포 강 주변의 강 마을을 찾아가고 있었습니다.

선배님,

로마의 테베레 강이 한 국가를 낳고 키운 위대한 강이라는 것은 배워서 알았지만, 알프스에서 발원하여 이탈리아의 곡창지대를 고루 적시며 흐르는 포 강은 작가 조반니노 과레스키의 작품을 통해 알았습니다. 옛날부터 이탈리아의 뜰이라 불릴 만큼 아름답고 비옥하다는 포 강 유역에서 낳고 자란 작가는 고향의 자연조건, 주민들의 기질, 풍경, 역사, 일상의 일 같은 것을 자신의 작품 속 사건들 안에 자연스럽고 천연덕스레 녹아들게 해놓았습니다.

과레스키는 독자에게 배꼽을 잡고 웃게도 하고 씁쓸한 입맛을 다시게도 하고 심각한 상황에 가슴 졸이게도 하며 잠시도 따분하게 놔두지를 않는 대단한 이야기꾼입니다.

작가는 책의 후기에 '……그리고는 그 거대한 강 위로 떠내려 오는 이야기에 귀 기울인다.' 고 했습니다. 그렇게 그 강을 사랑한 작가이기에 저 같은 사람에게도 포 강이 그리운 강이 되게 했나 봅니다.

그의 작품은 작가의 말대로 대단한 문학작품은 아니겠지만 독자들이 느끼는 공감도는 대단하답니다. 과레스키 당시 포 강 주변의 도시에서 일어나고 전해진, 우스꽝스럽거나 심각하거나 어두운 내용의 사건들을 짧은 이야기로 재미있게 표현해서 그것을 읽는 동안 몰입하게 됩니다. 그것은 어디서나 비슷한 인간의 삶을 큰마음으로 이해하며 진실되게 그렸기 때문이라 생각합니다.

어쩌면 선배님 취향은 아닐 것 같은데 하여튼 저는 그랬습니다. 어려서 읽은 알프스의 소녀 '하이디' 때문에 알프스를 그리워했던 것처럼 지오반니 과레스키로 인해서 먼 나라의 큰 강이 보고 싶었습니다.

여행이 끝났고 테베레 강은 다른 것들과 함께 저에게서 차츰 잊히겠지만 포 강의 이름과 잠시 본 물빛은 오래 기억할 것입니다. 그날 좁은 강폭을 따라 콸콸 흐르던 포 강의 물빛은 하늘빛을 닮아 흐렸습니다.

선배님,

이번 여행에서 깨달은 것은, 제가 위대한 인물이 남긴 영구보존의 작품이나 건축물을 감상하는 것보다 그 모든 것의 탄생을 가능케 한 자연환경에 관심이 더 많다는 것이었습니다. 그리고 그곳의 오래된 숲과 산자락, 마을과 들에 흩어져 있을 많은 이야기를 듣고 싶습니다.

이탈리아에서 정말 부러웠던 것은 온갖 먹거리들로 가득 찬 들과 철철 흐르는 강물이었습니다. 선배님과 저 모든 여건이 갖춰진다면 다시 이 나라에 와서 따뜻한 커피와 피자를 먹어 봤으면 합니다만, 꿈이겠지요.

먼 곳에서 만난 것 4
— 꿈속의 아이

선배님,

저는 이번에 오래된 꿈 하나를 이루었습니다. 처음 만난 후 근 50년이 다 된 지금까지 마음속에 머물고 있는 아이를 만났습니다. 세월의 흐름과는 상관없이 여전히 일고여덟의 어린 모습으로 가끔씩 찾아오는 아이는 선배님도 잘 아는 '하이디' 입니다. 그 아이가 비록 소설 속의 등장인물이기는 하지만, 일찍 그를 만나 본 사람은 하이디의 어린이다운 순수함과 사랑이 많은 마음씨에 감동하여 누구나 그의 보호자나 친구가 되고 싶어 하지요.

작가 요한나 스피리는 제가 좋아하는 성격의 아이를, 아이처럼 맑고 깨끗한 자연 속에 어우러지게 했습니다. 명랑 쾌활하고 인정스러우며 건강한 하이디의 성품은 저에게는 부족한 것이라 부러웠습니다. 책을 읽으며 상상 속에서 저는 하이디가 되어 작가가 묘사한 알프스 산록을 마음껏 뛰어다닐 때가 있었습니다. 여자 아이들이 그랬듯이 저도 왕관 쓴 공주님의 구름 잡는 이야기책도 좋았습니다만, 평범한 사람들 사이에서 일어나는 여러 사건을 재미있게 그려낸 『하이디』가 현실감이 있어선지 더 좋아한 것 같습니다.

선배님,
꿈은 이루어진다는 말이 유행하지요. 제 꿈 하나도 이룰 기회가 찾아와서 스위스로 갔습니다. 이탈리아와의 국경을 지나 계속 이어지는 풍경은 제가 기대한 것 이상이었습니다. 산길 모퉁이만 돌면 나타나는 크고 작은 호수는 하나 둘 수를 헤아리다 그만두었습니다.
산악국가의 자존심인 양 산은 장엄하고 그것이 품고 있는 것들은 겸손해 보여 나그네를 주눅 들게 하지 않았습니다. 아기자기 정겨운 산마을의 인상은 제 기억 속의 아이와 이미지가 닮았습니다. 산기슭의 낡은 나무집에는 하이디와 알름 할아버지가 있을 것 같고 무리지어 핀 들꽃과 맑은 공기는 클라라뿐만 아니라 우리에게도 약이 될 것 같았습니다.
기차역에서 쉬는 빨간색 기차, 초지에서 여유롭게 풀 뜯고 우물거리는 팔자 늘어진 소, 오래된 작은 예배당, 담장 없는 집의 작은 정원이 예뻐서 살짝 들여다보다 눈 마주친 노부부의 미소, 한 잎씩 공들여 닦은 듯이 반짝거리는 나뭇잎들, 이 모두가 하이디가 되어서 저를 맞아주는 듯했습니다.

선배님,

주마간산 격의 여행 중에 또 다른 소설 속의 인물을 만나서 놀랐습니다. 하루 일정이 끝난 한가한 시간에 동네 산책을 하던 중에 어디서 본 듯한 사람이 광장 한 옆에 앉아 있었습니다. 별난 모양의 헌팅캡을 쓰고 망토를 입은 매부리코의 그 남자는 '셜록 홈즈'였습니다. 명탐정 홈즈가 런던의 베이커 가를 떠나 인터라켄에서 은퇴생활을 하나 봅니다. 저는 조각상의 손을 잡아 보며 반가워했는데 다른 사람은 별 반응을 보이지 않아 저 혼자서 오도 방정을 떤 꼴이 되었습니다.

우리는 아직까지 추리소설이 문학 외의 것으로 인식되어, 어린 학생이나 일부 마니아들 말고는 읽는 사람이 많지 않아서일까요? 줄리엣이나 인어공주의 조각상은 멀리 있어도 찾아가면서 눈앞의 셜록 홈즈를 알아보는 이는 드물었습니다. 이 세계적인 유명인사는 깨끗하고 조용한 그의 동네에 몰려온 동양인을 빙그레 웃으며 쳐다봅니다. 덥고 따분한 여름날이 그로 인해 지루하지 않았던 것이 생각나서 반가웠습니다.

저희가 묵은 호텔의 외벽에 작가 아서 코난도일이 거기에 체류했다는 동판이 붙어 있습니다.

기회가 없어 하이디 마을이란 곳은 못 가 보고 집에서 TV로 보았습니다. 하이디가 세계적으로 사랑받는 인물인지라 관광상품으로 하이디 마을이란 것을 만들어 놓고, 옛날 복장을 한 커다란 처녀 하이디가 마을 소개도 하고 상품도 파는데 그들의 상술이 놀라울 뿐입니다. 10대 후반의 다 큰 하이디는 저를 낯설게 했습니다. 통통하고 발그레한

뺨에 빈대 가슴을 하고 풀밭 위를 신나게 뛰어다니는 명랑한 꼬마가 저의 하이디입니다.

선배님,
하이디와 홈즈, 그들을 세상에 내보낸 작가는 점차 잊혀 가는데 작가의 상상에서 태어난 이들은 여전히 현실 속에 살아 있습니다. 제 삶의 한 시기, 아직 순수함이 남아 있을 무렵, 저만이 꿈꾸고 만들었던 세상과 사람들은 이제 사라져 가지만, 그것으로 해서 갖게 된 제 꿈의 하나는 이루었습니다.
그리고 꼬마 하이디는 여전히 저와 함께 있을 것입니다. 스위스, 맑고 깨끗하고 아름답지만 사람 사는 냄새가 나지 않는다는 의견도 있습니다만 저는 또 가 보고 싶습니다. 어때요, 선배님은.

먼 곳에서 만난 것 5
― 초록의 대지

김 선배님,
안녕하신지요. 저도 이곳 미국에서 잘 지내고 있습니다.
4월 초순에 태어난 저의 맏손녀도 무럭무럭 잘 자라고 있습니다. 저를 할미로 만든 녀석입니다만 볼수록 귀하고 예뻐서 제 눈에는 양귀비입니다. 갓난 것이 예쁘면 얼마나 예쁘고 자랑할 것이 얼마나 있냐며 신출내기 할미 표 낸다고 하시겠지만 저도 고슴도치 할미가 되었습니다. 이만하고 오늘은 이곳 이야기를 하겠습니다.

선배님,
이곳 플로리다의 인상은 넓음, 맑음, 밝음, 초록 그리고 단조로움입니다. 미국이란 곳이 워낙 땅이 넓다 보니 선배님이 근 7년을 계셨던 위스콘신 주와는 풍경이 많이 다르겠지요. 저희는 3월 하순경에 집을 떠나 서부지역 몇 곳을 관광하고 아들 집으로 왔습니다. 안내인을 앞

세운 단체관광이지만 우리나라를 벗어나면 벙어리가 되는 저는 그것이 속편한 방법이지요.

선배님,
 제가 이곳에서 제일 부러운 것은 넓은 땅입니다. 다 아는 것이지만 와서 직접 보니까 너무 놀라워 할 말이 없었습니다. 반듯반듯한 땅에 가로 세로 줄 맞춰서 끝이 안 보이게 심어진 과수나무는 우리가 추수를 걱정할 정도로 어마어마한 것이었죠. 자갈투성이의 불모지 같은 곳을 보아도, 소가 풀을 뜯는 구릉지의 넓은 초지를 보아도 부럽다는 말만 했습니다. 그 부러움은 그랜드 캐니언을 보는 동안 잠시 사라졌습니다. 원시 지구의 흔적을 마주하고 있으니 저 자신이 먼지나 된 듯 아득한 느낌뿐이고 마음이란 것이 없는 듯했습니다.

 여기서 난생처음 경비행기를 타는데 멀미로 협곡을 내려다볼 수 없어 고생만 했습니다. 대협곡의 충격에서 깨어나서야 마음도 제자리를 찾았는지 부러움도 시기심도 다시 생겼습니다. 밤과 낮의 모습이 확연하게 다른 라스베가스에서는 25센트짜리로 놀음을 해 보다가 노름꾼 소질 있다는 소리를 두고두고 들었답니다.
 그밖에 몇 군데를 더 다니며 사진으로 본 것의 실물을 확인했습니다. 관광을 하는 동안 이동버스에 탔다 하면 줄기차게 찬송을 하던 열렬 아줌마들과 이별한 것에 감사하며 우리는 플로리다 주로 갔습니다.

선배님,

　제가 잠시 머물고 있는 이 도시는 온통 초록 천지입니다. 4월인데 나뭇잎은 우거지고 한낮의 햇살은 따갑고 그늘은 짙어 여름 같습니다. 이 숲 속 동네의 아침은 요란한 새소리로 시작합니다. 온갖 새가 제 목소리를 내며 지저귀는 소리에 눈을 떠보면 밖은 여명입니다. 오늘은 몇 가지의 새소리가 들리나 귀 기울이다 잠이 들지 않으면 일어나 공원으로 갑니다. 모양 좋은 아름드리나무들과 손질 잘된 풀밭은 늘 조용한데 조그만 실개천이 혼자 졸졸졸 작은 소리를 내며 흐릅니다. 예쁘지도 않은 커다란 다람쥐만 사람을 빤히 쳐다보더니 흥미 없는지 가버리네요.

　이 동네는 원래 조그만 한촌이었는데 옛날에 대학이 들어오면서 성장한 도시라고 합니다. 대학의 붉은 벽돌 건물도 숲 속에 들어서 있고 교정의 넓은 못가에는 악어가 기어나와 일광욕을 하고 있었습니다. 흔하지 않는 광경을 보았으니 행운이라 해야겠지요. 악어는 그런 모습을 하고서도 이 도시의 마스코트가 되어서 대학의 마당과 시내에는 실물 크기의 악어상이 있습니다. 쇼핑몰을 돌아다니다가도 그 조형물을 만나는데 저에게는 호감 가는 물건이 아닙니다. 그래도 초록색 몸통에 푸른 바지와 주황색 상의를 입힌 악어 인형은 귀여운 데가 있더군요. 주황색과 짙은 바다색은 이곳 플로리다 대학의 상징색이랍니다.

　여기서 처음 본 것으로 큰 나무에 기생하는 인디안 모쓰(Indian moss)라는 식물이 있습니다. 길고 너덜너덜한 것이 나뭇가지 끝에 드리워져 지저분해 보이는 것인데, 저는 그것이 달려 있는 나무를 보면 열대의 밀림이 느껴졌습니다. 왜 그런지는 저도 모르겠어요.

 선배님,
 이 동네는 토요일이면 이른 아침부터 장이 섭니다. 오전에만 열리는 번개시장인데 인근의 농가에서 직접 재배한 물건이라 싱싱합니다. 채소, 과일, 화초, 나무와 손수 만든 잼이나 과자도 있는데 참 소박한 모습입니다.
 우리나라 이곳이나 농사짓는 사람의 손의 모양은 다 똑같습니다. 자몽을 사면 그 마디 굵은 손으로 오렌지를 덤으로 집어주고 외국인에게도 미소를 보낼 줄 압니다. 러닝셔츠 차림의 개구쟁이가 이른 아침 공기가 차가운지 소름 돋은 팔을 문지르며 웅숭그립니다. 어린것이 자다 말고 따라나온 까닭이 무엇인지…….
 또 다른 곳에서는 형제인 듯한 초등학생 둘이 좌판 위의 물건을 열심히 설명해 가며 팔고 있습니다. 어릴 때부터 가게도 돕고 장사 경험도 해 보는 것 같은 형제를 보며, 공부와 성적 올리라는 소리만 줄창 들으며 자라는 우리의 아이들이 떠올랐습니다.

 토요일 아침이면 반짝 장을 여는 농부들의 형편이 어떤지는 모르지만, 그 모습에 장사꾼 냄새보다 농사꾼 냄새가 더 짙게 배어 있어 좋았습니다.

선배님,

얼마 전 올랜도를 가 보았습니다. 남쪽으로 두세 시간 내려가는 동안 저는 하늘과 나무와 회색 길만 본 것 같았습니다. 언덕 하나 보이지 않는 편편한 땅의 도로는 지평선과 맞닿을 듯하고 도로 양쪽은 높고 낮은 숲이 계속 이어졌습니다. 플로리다 주의 작은 일부분만 보고 말하기에는 무리가 있습니다만 제가 본 동네는 꽃이 귀합니다. 주의 이름도 그렇고 해서 꽃을 기대했는데 이곳 사람은 나무와 잔디 가꾸는데 더 공을 들이나 봐요. 계절이 우리나라와 약간 다르니 어쩌면 봄꽃이 벌써 다 떨어졌는지도 모르고요. 봄이면 꽃동네가 되는 우리나라가 생각납니다.

올랜도에 있는 세계적인 관광명소에는 들르지도 않았는데 날이 저물었습니다. 집으로 돌아가는 길 어두운 숲에서 별이 떴습니다. 새로 씻은 듯이 반짝이는 것이 하늘의 별인지 숲 속 어느 집의 불빛인지 구별하지 못했습니다만 그것이 무슨 상관이겠습니까. 저는 그날 밤 길 위에서 제 어릴 적 만났던 별을 다시 만난걸요. 행복했습니다.

선배님,

따뜻한 기후와 깨끗한 공기, 찬란한 햇빛을 자랑하는 부자 나라의 부자 주라는 플로리다이지만 여기도 사람 사는 모습은 별다를 것 없습니다. 기후가 좋아 은퇴한 노인들이 선호하는 곳이란 말을 증명이라도 하는 듯 노인도 많고 단순 노동하는 사람을 보면 유색인종이 태반입니다. 빈부가 공존하지만 유난스럽지 않고 조용합니다. 이곳의 바다, 초원, 숲, 그리고 많은 늪이 저마다 품고 있는 이야기가 많겠지만, 저는 사방천지 둘러봐야 보이는 것 하나 없이 평평하기만 한 여기 풍경이 심심합니다. 아들 가족과 헤어지는 것은 섭섭하지만 초록 일색의 단조로움에서 벗어나는 것이 다행입니다. 제 눈에 익숙한 자연과 사람들이 있는 우리 동네로 돌아갈 날이 가까워 옵니다. 곧 뵙겠습니다.

먼 곳에서 만난 것 6
― 솔베이지의 노래

선배님,

저는 노르웨이에 잠시 다녀왔습니다. 저희 부부와 남편의 직장동료 부부만 함께한 단출한 여행이었습니다.

목적은 피요르드를 보는 것인데, 저는 평소 호감을 갖고 있던 스칸디나비아 3국 중 한 나라라도 볼 수 있다는 것이 기뻤습니다.

노르웨이의 큰 도시인 오슬로나 베르겐에서 느낀 것인데 북구 사람들이 확실히 색소가 옅어 보였습니다. 흰 피부와 옅은 금발, 제 눈에는 연한 색깔의 콘택트렌즈를 낀 것처럼 보이는 눈으로 해서 또 다른 인종이 살고 있는 땅에 제가 있다는 것을 실감했습니다.

거기 사람들은 해만 나오면 밖으로 나가 일광욕을 하는데, 햇빛 가난이 들어서 짧은 바지 차림의 남자나 손바닥만한 것으로 아래만 가린 여자나 남의 눈은 의식하지 않는 듯 선탠에 열심이었습니다. 그 나라에서는 일상적인 것이지만 익숙지 않은 광경이라 좀 민망했습니다만, 키 크고 늘씬한 북유럽 미인을 보는 것은 즐거웠습니다.

 우리의 여정은 오슬로―베르겐―송네피요르드―오슬로였는데, 오슬로에서만 시내 관광버스로 주변 관광지를 둘러보았고 나머지는 기차를 이용했습니다. 기차여행은 제가 가장 좋아하는 것으로, 아시다시피 멀미 심했던 제가 기차라면 승객과 짐으로 빼곡한 3등칸에서도 문제가 없었습니다. 요즘도 버스나 승용차로 구절양장의 길을 가자면 멀미가 나는데, 기차라면 몇 박 며칠을 가든 괜찮을 것 같습니다. 우리 언제 멀리 가는 기차 한번 타 보고 올까요.

 땅 넓이에 비해 인구가 적은 그 나라는 어딜 가던지 사람으로 복작거리거나 왁자지껄한 곳은 없을 것 같습니다. 우리가 탄 기차 칸에도 동양인은 저희들뿐이고 나머지 승객들도 여유롭고 무던해 보였습니다. 기차가 내륙 깊숙이 들어가며 승객을 태우고 내리고 하는 동안 주위의 풍경도 바뀝니다. 연초록의 잔디밭과 탄탄하고 예쁜 집이 여기저기 흩어져 있는 산동네는 한 폭의 그림을 보는 듯했는데 시야에서 빨리 사라지는 것이 아쉬웠습니다. 침엽수로 빽빽한 숲을 지나고 낭떠러지 위를 지날 때는 겁도 났습니다.

 기차가 높은 지대를 지나가는지 나무 하나 없는 거친 땅에 넓고 큰 바윗돌만 이리저리 박혀 있는 곳을 지나갑니다. 그런데 의외로 그런 곳에 외딴집이 드문드문 있습니다. 저 아래 살기 좋은 곳을 두고 그렇게 황량하고 호젓하기 짝이 없는 곳에 사람이 사는지 모를 일입니다. 워낙 추운 곳이라 여름 한철만 사용하는 집일 수도 있고, 공무에 필요한 사람들의 숙소일 수도 있겠지요. 필요가 있어 거기에 있겠지만, 한 번 스쳐 지나가면 그만인 나그네의 마음까지 쓸쓸하게 만드는 외딴집 풍경입니다.

그 겨울이 지나 또 봄은 가고 또 봄은 가고, 그 여름이 가면 더 세월이 간다. 아, 그대는 내 님일세 내 님일세

선배님,
이 노래가사 기억하시죠. 옛날에 성악에 소질 있는 선배님이 저희에게 들려주었던 '솔베이지의 노래' 아름답고 쓸쓸했던 느낌의 노래는 잊히지 않았습니다. 사철 추울 것만 같은 풍경 속의 호젓한 외딴집을 보니 솔베이지의 노래가 떠올랐습니다.
역마살이 잔뜩 낀 공상가며 이기적인 남자 페르귄트는 애인 솔베이지를 혼자 버려두고 모험을 떠났지요. 평생 자기만을 기다리는 여자에게 무관심했던 남자의 이야기는 우리에게도 있지요. 옛날이야기로 신혼 첫날밤에 무언가 오해를 한 신랑이 신방을 나온 그 길로 집을 떠난 후, 수십 년이 지나 옛집을 찾아보니, 여전히 혼례복 차림인 아내가 남편을 한번 본 후 그대로 무너져 재가 되더라는 것.
동서양의 사람 생긴 모양은 다른데 살아가는 모습은 거기서 거긴가

봐요. 멀리 떨어진 대륙인데 비슷한 내용의 이야기가 있다는 것이 신기합니다. 여성해방운동의 바이블이라는 『인형의 집』을 쓴 이 나라의 문호 입센이, 솔베이지 같은 인물도 그려냈다는 사실이 흥미롭습니다. 자신을 버린 페르귄트를 그리워하며 평생을 보낸 솔베이지가 이제는 백발이 되어, '혼자 쓸쓸하게 늘 고대한 것이 몇 해인가. 아, 나는 그리워라. 널 찾아가노라' 며 여전히 페르귄트를 그리는 노래를 부릅니다. 메아리 없는 맹목적인 기다림, 그건 어떤 사랑일까요.

기차는 우리를 어느 역에다 내려놓고 가버립니다. 갈아탈 다른 기차를 기다리며 역사 주변을 둘러봅니다. 기찻길 옆의 오막살이가 없어선지 한적하고 선로 옆도 깨끗하고 공기는 당연히 맑았습니다. 우리를 싣고 갈 기차가 고장이 나서 고쳐서 오느라고 시간이 지체된다는 소식이 왔습니다. 우리는 선진국도 별수 없다며 짜증을 내는데 다른 승객들을 보니 잘 고쳐서 오라는 듯 조용히 기다립니다. 저녁때가 되자 역에서 저녁을 제공했습니다. 물론 무료였지요.

노르웨이의 옛 수도였던 베르겐에서는 중세시대 길드의 건물도 구경하고 밥이 먹고 싶어 중국 음식점에 갔습니다. 너무 짜고 냄새가 나서 깨작깨작 밥을 세다 나왔는데 돈은 아깝고 짬뽕 국물 생각은 왜 나는지. 거기까지 가서 페르귄트를 작곡한 그리그의 집에는 못 가 본 것이 아쉬운데 그 대신 오후 10시가 되어도 훤한 밤은 경험했습니다.
아침에는 그 유명하다는 어시장에도 가 봤는데 생각보다 규모는 작앉습니다. 우리나라보다 인구수가 적은데 비교할 수야 없겠지요. 좀 이른 시간이었던지 상인들이 가게 열 준비를 하는 중이라 거기서는 아무것도 못 사먹고 피요르드를 보기 위해 배를 탔습니다.

선배님,
노르웨이에는 피요르드가 많은데 우리는 그중에서 송네피요르드를 택했습니다. 물을 겁내는 저는 두려워하며 배를 탔는데, 그곳은 바다가 아니라 파도 잔잔한 호수 같았습니다.
그 옛날 빙하가 흘러내리며 만들어진 이 긴 내해의 양안은 높은 산으로 이루어졌고, 연중 이고 있는 눈이 녹은 물이 높은 산꼭대기에서 흘러내려 천길 밑으로 바로 떨어지는 아주 긴 폭포는 정말 장관이었습니다. 배를 타고 가면서 보니까 피요르드 주변에도 동네가 띄엄띄엄 있었습니다. 평지가 귀해서인지 물가 가까이에 있는 집도 있고, 산의 생긴 것에 맞게 초지도 보이고 나란히 있는 집보다 아랫집 윗집이 대부분이었습니다. 비탈진 산에 의지한 그것들이 얼마나 아기자기 예쁜지 배에서 보는 사람들은 탄성을 질렀는데, 실제로 생활하고 있는 사람은 어떤지 궁금합니다.

배는 산의 보호를 받으며 계속 흘러갑니다. 푸른 하늘, 얕은 구름, 초록빛깔의 비단결 같은 바다, 깨끗한 공기, 거기에 솔솔 부는 바람은 자장가였습니다.

선배님,

이곳에서는 우리 밥을 못 먹었어요. 한국음식점을 찾으면 되겠지만 형편상 못하고 대신에 입맛 나게 하는 것을 찾았습니다. 호텔 뷔페에 잘 나오는 것으로, 청어를 식초에 절여 네모나게 썰어서 양파와 허브와 함께 피클로 만들거나 또는 토마토소스나 겨자소스에 무쳐 담근 것인데 이름은 모르겠어요. 비린내도 별로 안 나고 우리 젓갈같이 짜지도 않고 먹고 난 뒷맛이 개운하여 느글느글한 속에 음식 들어가게 해 주었습니다.

선배님,

그 청어 초절임(?) 생각도 나고 피요르드에 다시 가 보고 싶은 것이 아무래도 페르귄트의 역마살이 제게 옮았나 봅니다. 곤란하게도 말입니다.

먼 곳에서 만난 것 7
— 소금, 술

선배님,

그곳은 날씨가 참 변화무쌍한 대지였습니다. 폴란드와 헝가리 체코가 그랬고 오스트리아가 그랬습니다. 6월 초순, 그곳 사람들의 옷차림이 왜 제각각인지 이해할 수 있었어요.

폴란드의 크라코프에 갔습니다. 빗방울이 뚝뚝 떨어지는 날씨는 두꺼운 옷이 생각날 만큼 쌀쌀하여 준비해 간 옷을 다 입고 다녔습니다. 바르샤바 이전의 폴란드 수도였고, 세계대전에도 그의 피해를 입지 않았다는 그 고풍스러운 도시의 광장에는, 폴란드 국기와 바티칸의 교황청 기가 함께 펄럭이고 있는 것이 인상적인데 며칠 전에 베네딕토 16세 교황의 방문이 있었답니다.

유네스코가 유적지로 지정한 이 기품 있는 도시를 떠나 오시비엥침이라는 곳으로 갔습니다. 그곳 교외에 아우슈비츠가 자리하고 있는데 워낙 유명한 곳이라 각오를 단단히 했지만 두 번 볼 것은 아니었어요.

도저히 인간의 것이 아닌 잔혹하고 끔찍한 일이 벌어졌던 60년 전의 학살 현장을 보고 나온 사람들은 모두 '…' 표가 되어 침울했습니다. 안 보느니보다 못한 것이어서 그런지 기분이 복잡하게 나빠졌습니다.

선배님,
우울한 것은 빨리 털어내 버려야지요. 크라코프 인근에 있는 1000년이 넘는 소금광산 이야기를 할게요. 폐광 전까지 일했다는 은퇴 광부들이 까만 제복에 흰 헬멧을 쓰고 내부를 안내합니다. 유휴 인력을 아주 적절하게 활용한다 싶었어요. 나무 계단을 밟고 한참을 내려가니 좁은 갱도가 나왔습니다. 길을 따라가며 보니까 천장, 벽, 바닥이 온통 소금이라 신기해서 아무 데나 만져 맛을 보았어요. 짰습니다. 곳곳에 황금보다 값진 알짜 보물을 파내던 사람들의 노고를 표현해 놓았습니다.
4명의 광부가 오직 정성 하나로 조성한 예배당을 선배님도 보아야 했습니다. 지금도 매주 미사가 있고 더러 음악회도 열린다는 광장에는 소금으로 만든 샹들리에가 불빛을 받아 반짝이고 타일을 붙인 것 같은 매끈한 바닥도 소금입니다.
성서의 내용이나 큰 인물의 조각상, 교황 요한 바오로 2세의 전신상 등 모두가 소금으로 이루어져 놀랐습니다. 멀지 않는 곳에 있는 옛 수도의 영화도 소금 채굴하는 광부의 피와 땀 위에 이루어졌겠지요. 그 지하 세계의 호수에 이르자 쇼팽의 '이별' 곡으로 관광이 끝났음을 알려졌습니다.

오스트리아의 잘츠부르크가 부근에 잘츠컴머굿이라는 풍광 좋은 암염 산지가 있어 부유했듯이 크라코프도 비엘리치카의 소금 광산과 잘 연계한다면 괜찮겠지요. 비 오는 날 쌀쌀한 아침에 면장갑도 없이 길거리 청소하던 사람의 붉은 손이 생각납니다. 크라코프가 더 부유해진다면 청소부도 따뜻하게 입고 바깥일 하겠지요.

선배님, 한 가지 희한한 것은 소금광산에서도 계속 돌아다니다 지상으로 나왔는데 피곤한 줄 모르겠고 기분이 좋았다는 겁니다.

선배님,
소금 이야기 들으시니 시원한 마실 것 생각이 나지요. 이번에는 술 이야기를 하겠습니다. 제가 미처 몰랐는데 체코가 독일 못지않게 맥주로 유명한 곳입니다. 마시기도 엄청 마시는지 1인당 맥주 소비량이 세계 제일이라고 해요.

그 체코인들이 블타바 강이라고 부르는 몰다우 강을 프라하에서 보았습니다. 강의 양 기슭에 늘어선 오래된 시가지를 보며 물을 떠나서 살 수 없는 인간의 선택을 거기서도 확인했어요. 카를교 위에서 맥주를 마시면서 쉬고 있는 젊은이들을 만났습니다. 우리 젊은이라 반가워서 아는 체를 했는데, 제가 아들 생각이 났듯이 그들도 잠시 어머니를 생각했겠지요.

프라하에서의 일정이 끝나갈 무렵 저희들도 구시가지 광장에서 맥주 한잔 마시며 어두워지는 이국의 하늘을 바라보았습니다. 술의 맛이 달면 무조건 맛있다고 하는 저도 그날은 맥주가 맛있다고 했어요.

저는 맥주보다 헝가리에서 맛본 백포도주 '토커이'가 더 좋았습니다. 시큼하고 떨떠름한 적포도주는 왜 마시는지 모르겠는데 산뜻하고 달달한 맛이 나는 백포도주는 맛있었어요.

헝가리가 오래된 와인 생산국이란 것도 이번에 알았습니다. 그리고 오스트리아 빈 숲의 오래된 민가를 개조한 레스토랑에서 그해에 생산된 포도로 만든 와인이란 뜻의 '호이리게'라는 포도주도 맛보았어요. 정확히는 모르지만 우리나라에서 떠들썩한 보졸레와 같은 것이 아닐까요?

제가 술꾼이라면 할 말이 많을 것 같은데 더 아는 것이 없어 이만 끝낼게요.

선배님,

동유럽에서도 우리나라 대기업의 광고판을 자주 봅니다. 그것도 반가운데 태극기를 보았을 때는 정말 반가웠습니다. 푸른 도나우 강이 넘실대는 아름다운 부다페스트에서 태극기가 바람에 펄럭입니다를 직접 확인했지요. 파리의 상제리제 거리만큼 아름답다는 언더라시 거리에 있는 아담한 분홍 집에서 태극기가 펄럭이었어요. 우리나라 땅 대한민국 대사관이랍니다.

인간이 의지할 수밖에 없는 강. 제가 본 도나우 강 역시 위대합니다. 그곳을 잠시 오르내리며 옛 합스부르크 왕가의 권세와 영광이 어떠했는지 짐작은 할 수 있었습니다. 곳곳에 남아 있는 절대 권력의 표상과 흔적들이 이제는 관광자원으로 이용되고 있는 것을 거기서도 보았습니다. 세상 어디에도 영원한 것은 없나 봅니다.

선배님,
동유럽은 사람도 자연도 상대방의 기분을 편하게 하는 재주가 있는 매력적인 곳입니다. 그리고 우리 음식을 먹을 수 있는 곳이 있어 저의 경우 음식으로 인한 불편은 없었어요.

누가 저에게 다시 가고 싶은 곳을 묻는다면 타트라라고 대답할 겁니다. 폴란드의 남쪽 슬로바키아와 국경지대에 있는 타트라 국립공원은 산악지대로 보통 해발 2000m가 되는 폴란드의 휴양지입니다. 가는 도중에 보았던, 태풍과 폭우에 넘어져 차례차례 누워 있던 그 많던 침엽수들은 다 어떻게 되었는지 남의 나라이지만 제가 걱정스러운 곳입니다. 초여름인데도 추워서 달달 떨었던 곳이지만 그 깨끗한 공기와 아름다운 풍경이 함께 생각나는 가고 싶은 장소입니다. 동유럽의 알프스라는 거기서 심호흡 몇 번 한다면 가슴 답답한 사람은 금세 시원해질 겁니다.

선배님,
전에 누군가 그러데요. 우리나라가 언제부터 잘살게 되었다고 개나 소나 할 것 없이 죄다 외국에 나가 외화 낭비한다고요. 그러는 사람은 자기 것에는 세미나 참석 또는 시찰이란 근사하게 들리는 이름을 붙여 합리화하면서 남의 것은 깃발 따라 다니는 촌스런 패거리쯤으로 무시하겠지요. 내세울 것이 하나도 없어 그 '개나 소나'에 해당되는 저는 큰 맘 먹고 바깥구경한 것을 잘했다고 생각합니다. 우물 안을 벗어나 보았다는 사실이 저에게는 사건이었고, 소중한 사람들과 함께한 즐거웠던 시간들에 관한 추억거리가 생겼으니 그것이 기쁨이고 감사할 일이지요.

  추억을 공유하는 사이 얼마나 좋은가요.

먼 곳에서 만난 것 8
— 세월

2007년 10월, 남편의 고등학교 동기생들의 부부동반 일본여행에 동참했다.

오래 지속되어 온 그 모임은 부인들과 함께할 때가 종종 있어서 낯익은 얼굴이 대부분이라 편안한 여행이 되었다.

50년 전 동안(童顏)의 모습으로 처음 만나, 그 얼굴에 잔주름 굵은 주름이 훈장인 듯 자리 잡힌 지금까지 우정을 이어온 분들이 대단하다. 학교 졸업 후 옆 돌아볼 사이 없이 바쁘게 살다 보니, 젊은 시절은 온다 간다 말도 없이 저 혼자 어디론가 가버리고, 이제는 그 시절의 잔영만 겨우 남은 친구의 늙은 얼굴을 내 모습인 듯 바라보며 웃음을 나누는 것을 지켜보니 내 마음이 좀 그랬다. 어느새 황혼인가. 아직은 아니겠지.

출발하는 날, 새벽 4시에 일어나 인천공항행 첫 버스를 타는데 사람이 많아 시루 속의 콩나물 모양을 하고 갔다. 운전기사는 입석은 안 되니 다음 차를 타라고 야단인데 비행기 시간을 염려한 사람들이 우격다짐으로 차에 오른다. 미안했지만 나도 그런 사람 중의 하나가 되었기에 약속 시간은 지킬 수 있었다.

여행 끝나고 귀가할 때도 공항버스의 좌석이 다 찬 것을 보고 해외여행객이 급증했음을 실감했다.

도쿄는 처음인데 낯선 외국 같지가 않다. 공항에서부터 만나는 한글과 우리와 닮은 사람들, 시멘트 건물이 마천루를 이루고 있는 풍경에는 이미 익숙해서인지 새롭게 다가오는 것은 별로 없었다.

도쿄 시내관광은 테마를 정해놓고 하는 젊은이들의 관광에 어울리는 것 같고, 나는 그곳의 문화유적지나 시장, 자연을 보는 것이 취향에 맞다. 일본 왕의 거처지와 함께 있는 황거공원은, 깔끔하게 손질된 여러 개의 잔디밭에 비슷한 크기의 잘 정돈된 소나무들만 있는 것이 인상적이다. 그 모습이 내가 생각하고 있는 일본스러운 것과 꼭 맞아 떨어졌다.

인구 1200만의 거대한 도시에 어둠이 내리고 빌딩마다 불이 켜진다. 이것저것 설명에 바쁜 가이드가 다리 하나를 가리키며, 레인보우 다리로 이름도 예쁜데 저 빤짝이는 불빛 장식이 참 아름답지요 한다. 그러자 어느 분이 "에이, 부산 광안리 다리를 봐라, 저것은 아무것도 아니다." 한다. 그러자 저 다리는 평일에는 저 정도고 주말이 되어야 화려하게 더 많은 불을 밝힌다는 대답이 들린다. 그 순간 좀 머쓱한 기운이 차 안에 퍼졌다가 사라지는 듯했다.

하루 일정이 끝나고 깨끗하고 보송보송한 잠자리에 들었는데 잠이 오지 않는다.
TV의 채널을 이리저리 돌려보고 우리가 일본에 오기는 왔구나 하며 둘이 멍청히 있다가 어느 순간 마주보며 말했다. "우리, 나가 보자."
호텔 앞 건너편에는 상가들이 이어져 있다. 저녁 8시 30분 정도 되었는데 영업하는 집이 많다. 우동을 종류대로 맛깔나게 사진으로 찍어서 가게 앞에 세워둔 우동가게를 보니 손님들이 가득 앉아서 젓가락질에 바쁘다. 우리도 저녁을 먹지 않았다면 본토의 우동 맛을 보는 건데…… 아쉽지만 그만두고 슈퍼마켓으로 들어갔다.
우리 동네 슈퍼마켓하고 똑같이 생긴 그곳에서 김치 깍두기 콩나물이 식품코너 한자리를 차지하고 있는 것을 보았다. 마른 멸치도 포장되어 있는데 부스러기가 보이지 않고 깨끗했다. 물건 값은 좀 꼼꼼히 보았는데 서울보다 비싸지 않다. 주전부리할 것 몇 개 사 들고 여기 기웃 저기 기웃하며 돌아다녔다.

둘째 날, 눈 뜨니 평소처럼 5시 반이다. 밥하러 나가지 않아도 되는 현실에 내심 기뻐하며 이불 속에서 가만히 그 포근한 느낌을 충분히 즐기다가 일어났다. 밖을 내다보니 생각보다 환한 것이 일본이 우리

나라보다 일찍 해가 뜨고 지는 것 같다.

이날은 닛코(日光)에서만 보내기로 되어 있다. '닛코를 보지 않고 일본의 아름다움을 이야기하지 말라.' 는 말이 있을 만큼 유명하다는 사실에 기대를 가지고 닛코에 갔다.

일본의 고전 시가인 하이쿠*의 대가 '마츠오 바쇼' 가 1689년 동북지방을 여행 중에 닛코에 들러 동조궁에 참배하고 지은 시 하이쿠 한 수.

아, 거룩한지고
녹음과 신록 위에
빛나는 햇빛.
─김정례의 '바쇼의 하이쿠 여행'

이 나라의 위대한 시인이 보며 감탄한 것을 320년 뒤의 아주 평범한 외국인인 나도 가서 같은 것을 본다. 산천의 모습도 시인의 시대와 꼭 같지는 않겠지만, 난타이 산의 생긴 모습은 단풍으로 더욱 훌륭하고 높은 데서 바로 쏟아 내리는 '게곤노타키' 폭포는 보는 사람의 가슴을 시원하게 한다. 물고기 놀던 '쥬겐지' 호수에 산 그림자가 비치면 얼마나 아름다울까.

일본을 통일하고 에도 막부를 연 도쿠가와 이에야스를 모셨다는 동조신궁은 절인지 신사인지 알 수 없었지만 웅장하면서도 아름다운 건축물인 것은 확실하다.

들은 이야기 중 하나.

오다 노부나가 _ 울지 않는 새는 바로 죽여버린다.

도요토미 히데요시 _ 새를 울게 하기 위해 온갖 방법을 다 쓴다.

도쿠가와 이에야스 _ 새가 울 때까지 기다린다.

이야기처럼 인내심도 큰 도구가 되어 일본을 평정한 동조궁의 주인은 현재의 일본인에게도 숭앙받는 인물이듯이, 옛날 사람 마츠오 바쇼에게는 일광(日光)과 같은 존재였던 모양이다. 같은 것을 보는 내 마음에 시인처럼 감동은 일어나지 않는다. 대신에 난타이 산은 우리 지리산과 견주고, 일본의 국내 명승지를 세계적인 명승지와 비교하며 가치를 깎아내리려는 나를 보며 내가 놀란다. 당한 자의 피해의식이 내게도 전해 오는 탓인가.

관광 3일째부터는 날씨가 좋지 않다. 셋째 날은 하꼬네에서 온천욕을 하고 요코하마에서 잤다. 도쿄보다 시원시원하게 보여 좋다라고 한 요코하마라는 도시, 우리가 묵은 호텔 주변에는 일행 18명이 함께 가서 정종 한잔 맛볼 공간이 없다. 동네 시찰 나갔던 남자들만 조그만 선술집 같은데 들어가서 겨우 맥주 한잔 마셨다는데 그때 사용한 바디 랭귀지가 폭소를 자아내게 했다.

마지막 날은 도쿄의 아사쿠사 관음사에 갔다. 비가 오는데도 그곳에는 관람객이 많았다. 절 구경은 대강하고 튀김 만두가 맛있다고 해서 사먹으러 갔다가 줄 선 사람을 보고 포기했다.

비는 오는데 남의 나라 절 처마 밑에서 하릴없이 오가는 사람 구경만 한다. 이 우중에 전통 화복을 입은 한 노인이 눈길을 끈다. 하얀 노인이 좀 더 젊은 여자와 함께 법당 쪽으로 향하는데 두 여자의 키가 정말 작다. 신발을 보니 게다 종류인지는 모르겠지만 굽이 조금 있어 보인 것을 신었는데 작은 초등학생만 했다. 체수도 키에 맞게 작아서 나름대로 아담한데 걷는 모습을 보니 조금 큰 인형이 걷는 듯했다. 옛날 왜국 사람의 혈통이 변함없이 이어졌나 싶었다.

이번 여행은 첫날 오전부터 끝나는 날 오후까지 알뜰하게 일정이 잡혔다. 덕분에 3박 4일 동안 본 것이 많아 좋았는데, 이제는 회원들의 건강상태가 작년 다르고 올해 다른 분들이 많아 조금 힘겨운 데가 있었다.

앞으로 기회가 있다면 많은 곳을 보기보다, 좀 덜 보더라도 여유가 있는 여행이면 좋겠다. 그리고 같은 교실 같은 기숙사에서 학창 시절을 보낸 수재들 옛이야기도 한다면 우리 부인들은 귀 기울이며 들어 줄 터이고…….

여행기를 쓰다 보니 50년 전 그 당시 내가 뜻도 모르고(지금도 그렇다) 엉터리 인 줄도 모른 채 불러댔던 일본 노래(?) 하나가 생각난다. 무슨 놀이에 맞춰 불렀던 것은 확실하여 되뇌어 본다.

이사야 이사야 요요기는 사쿠라와 매화 다시 찾겠네.

이사야 이사야 모두도 모니.

생각나는 것은 이것뿐이고 또래와 함께 놀던 아이는 간 곳이 없다.
세월, 갈수록 더 빨리 가서 50년 전이 어제인 듯하다.
같은 세월을 살아온 사람들끼리의 여행이 무사히 끝난 것에 감사.

*하이쿠 : 17자의 짧은 시 형식을 가지고 대상의 한순간을 포착해 내어 표현하는 단형시가.

어떤 눈물

장 클루드 마라의 팬플루트 연주를 듣는다. 그레고리안을 주제로 한 즉흥곡은 팬플루트의 맑은 고음으로 높은 가을 하늘을 더욱 투명하게 느끼게 한다. 촉촉하고 은근한 정감대신, 애잔함과 청아함이 섞인 것 같은 소리는 마음을 까마득한 창공으로 빨려 들게 하고 알 수 없는 눈물이 나게 한다. 감성적이지도 못하면서 연주곡 하나에 눈물이 난 것은 아마 어느 작가의 표현대로 '투명에 가까운 블루'의 하늘과 소박한 악기의 음색이 어울려 만들어낸 분위기 탓일 것이다.

살아오는 동안 많은 사람의 여러 종류의 눈물을 보았다. 젖 아기의 언어를 대신한 울음과 눈물, 치열한 경기 후 선수들이 쏟아내는 상반된 성질의 눈물, 헤어짐과 만남의 사연 많은 눈물, 계산 속으로 흘리는 능청스런 눈물도 있고 기가 꽉 막혀서 흘러나오지도 못하는 마른 눈물도 있다.

이맘때면 떠오르는 눈물의 모습이 하나 있다.

남미 페루의 어디에 사는 어린이의 눈물이다. 사진 속의 사내아이는, 낡아서 희치희치한 회색바지에 허연 헝겊으로 큼직하게 팔꿈치를 댄 푸른 스웨터를 입고 때 묻은 보따리를 둘러맨 채 울고 있다. 물 낡은 잉크색 털모자 아래의 어린 얼굴은 원망과 분노와 두려움이 뒤섞인 듯하다. 눈썹은 양미간을 향해 힘껏 모여지고, 충혈된 눈에 가득 고인 눈물은 곧 쏟아질 것 같은데 눈 가장자리에 굵다란 눈물방울 하나만 큰 이슬처럼 맺혀 있다. 침이 삐어져 나온 입 주변에는 마른버짐이 핀 채 맑은 콧물을 흘리는 갈색 얼굴의 아이, 어린 인디오.

흘리는 눈물 중에 곡절 없는 것이야 있겠는가마는 10세 안팎의 아이가 짓고 있는 표정은 쳐다보기가 민망하다. 차라리 얼굴 가득 눈물 범벅을 하고 엉엉 우는 모습이면 편하겠다.

아이가 우는 까닭을 보니 심란하다. 온 가족이 종일 움직여야 겨우 끼니 해결이나 할 수 있는 산골에서 아이는 가계를 돕기 위해 양을 키웠다. 아이가 곁에 두고 돌보는 양은 그에게는 가족 같은 존재이고 전 재산이다. 운 나쁜 날 아이는 애지중지하던 것을 모두 잃었다. 산길을 달리던 차가 여섯 마리뿐인 아이의 양 전부를 치고 뺑소니쳤기 때문이다.

순식간에 '내 것'을 빼앗기고 속상해 우는 아이의 얼굴이 잊히지 않는다. 가난해서 먹고 싶은 것 입고 싶은 것을 두고서 투정 한번 부려 본 적이 없을 것 같은 아이는 자동차의 밝은 얼굴을 눈에 익히기도 전에 뒤에 감춰진 잔인성을 먼저 알게 되었다. 사진 속 멀리 보이는 양들의 주검은 목동의 꿈이 한발 멀어진 것을 나타내는 듯해 안타깝다. 아이가 매달고 있는 절망감과 분노의 눈물은 누가 씻어주어야 하나. 달아난 운전자는 가슴이 싸늘한 오늘의 얼굴이다.

마라의 팬플루트 소리와 기름기 없이 산뜻한 가을 하늘이 함께 와서, 검은 눈에 큼직한 눈물방울 하나 달고서 삐죽이는 아이를 불러낸다. 부스스하니 덜 자란 새 새끼 같은 아이의 콧물을 닦아주고 싶다.

지금은 청년이 되었을 어린 인디오. 너무 일찍 가난과 죽음을 경험하여 측은하지만 그의 조국이 건재하고 의지가 되어줄 부모형제가 있으니 희망이 있다.

역사의 숱한 부침 속에서도 사라지지 않고 존재하는 인디오의 후예답게 씩씩하게 일어나서 좋은 마음으로 세상을 보는 젊은이로 성장했을 것이라 믿어 본다.

페루의 어느 산줄기를 단단히 딛고 서서 그들의 악기인 팬플루트를 불며 다시 그의 양을 돌볼 인디오. 어려서 흘렸던 진한 눈물의 기억은 안데스의 바람에 날려 보내고 건강하게 그들 식으로 편하게 살고 있기를 바란다. 세월이 지나도 한번씩 기억나는 사진 속의 아이. 버짐 핀 얼굴에 남루를 걸치고 우는 아이는 내게 양심의 소리를 듣게 한다.

팬플루트 소리에 맞춰 날아드는 내 천사.

Südbahnhof
AUTOBUS
HALTESTELLE
STRASSENBAHN
HALTESTELLE
ÖSTERREICHISCHE GALERIE BELVEDERE
MOTOROLA
69A
18
0

내가 전에 그랬듯이

쌍둥이 아들 중 동생이 먼저 결혼을 했고, 3년 뒤에 형도 결혼을 했다. 큰아들은 여섯 달을 우리와 함께 살다가 직장 가까운 동네에다 살림을 내주었고, 작은아들은 두 달을 같이 있다가 미국으로 떠났다.

큰아들은 이삿짐 차에 저희들 살림살이를 싣고서 간다며 인사하는 것으로 제가 30년 넘게 몸담았던 둥지를 나갔다. 작은아들은 공항에서 둥덩산 같은 짐 가방을 끌고 들어가다 돌아서서 팔 흔들어 주는 것을 끝으로 저희들 둥지를 향해 떠났다.

아들의 이소(離巢)를 겪을 때마다 작별 인사를 하는 부모의 마음은 아파 오는데, 아들의 마음에는 별리의 슬픔보다 앞으로 맞아야 할 현실의 문제가 더 크게 자리하고 있는 듯하다. 더 나은 미래를 위해 지금은 고생문을 들어서는 아들들은 그 뜻을 이해하고 기꺼이 동참하는 반듯하고 심성 고운 짝을 만났다.

어미는 그것으로 근심이 줄었고 그들이 제 앞가림은 충분히 하리라는 믿음에 마음을 다잡는다. 서로 사랑하며 결혼하고 서로를 이해하며 산다고 해도 그들 앞의 세월이 늘 평온하지마는 않을 것이다. 젊은 시절의 서투름은 많은 시행착오를 겪게 하지만, 부딪치고 상처 입고 새살 돋는 과정을 넘기며 여문 사랑으로 평생을 지내기를 기원한다.

빈방을 둘러본다. 아들의 헌 안경이나 며느리의 알록달록한 치마가 그들의 부재를 알린다. 가슴 깊은 곳에서 쓰린 듯 아릿한 것이 뻗쳐오르고 매움한 것이 콧등을 타고 오르더니 눈물이 난다. 며느리가 꽂아 둔 장미가 한창 예쁘고 하늘은 눈부시게 푸른데 그런 것은 보아도 눈물이 난다. 그런데도 어미는 울지 못한다. 장성한 자식이 때가 되어 떠났는데, 어미의 눈물이 아들에게 사위스러운 것이 되어서는 안 되고, 아직 곁에 있는 막둥이의 마음도 헤아려야 했기에 울음대신 숨 한 번 크게 쉰다.

마음이 허전해서인지 만사가 귀찮다. 거울 앞을 지날 때 얼핏 본 내 몰골이 말이 아니다. 스스로 생각해도 잔정 없는 어미인데 마음이 왜 이런지 모르겠다. 언젠가 아들이 엄마는 저희들을 방목하듯 키웠다고 하여 살짝 기분이 상해, 방목에도 급수가 있고 나름대로 비법이 있는 줄은 아는가 모르겠다며 희떠운 소리를 한 적이 있다. 자식이 느끼기에도 살갑지 않은 어미인데도 저를 보낸 후의 마음이 이러니 자애가 유난한 어미는 어찌 견딜까? 내리사랑을 이기는 치사랑은 없다고 옛날 내 어머니도 딸 시집보내고 나서 마음이 어땠으리라는 것을 지금에야 확연히 알게 되었다. 또, 애지중지하는 고명딸을 슬하에서 떼어놓은 두 분 사돈의 마음은 오죽할까.

아이들이 성장하면서 하는 양을 보면, 옛날에 내가 어머니에게 했던 행동을 그대로 내게 하고 있다는 것을 알게 된다. 자식이란 한참 늦되어서 제 자식을 통해서야 겨우 부모의 마음을 짐작하니 내리사랑밖에 몰라서일 것이다.

세상은 우리에게 자식에 대한 집착이 원인이 되어 불행을 겪는 경우를 종종 보여준다. 인간의 사랑 중에 모성애도 한결같지는 않은지 거기에 이기심과 소유욕이 침범하면 불행이 돋아난다. 어미의 본능은 자궁에서 생명을 키웠다는 엄청난 경험의 기억으로 해서 자식을 독립된 개체로 보기보다 '자식은 곧 나'라는 밀착된 의식에 붙들려 있게 한다.

빈틈없이 붙여둔 물건도 떨어지면 흉이 남는데, 사람 사이의 감정적 밀착도 때로는 서로에게 나쁘게 작용할 수 있을 것 같아 내 나름대로 모자 간의 감정분리를 준비했다. 아이들과 함께하는 동안 내 이성은 그 이기심과 소유욕을 밀어내기 위해 안간힘을 썼고, 아이들도 희망, 기대, 실망, 포기 같은 것을 번차례로 안겨주며 어미를 단련시켰다.

아들이 제 신부감을 데려왔을 때는 기뻤고 결혼을 시킨 후에는 홀가분했다. 그들의 인생에 어미가 실없이 끼어들 일은 없을 것이라 생각

되니 편했다. 크고 작은 일을 겪으면서 자식에 대한 나의 감정분리는 잘 되었다고 여겼다.

그런데 아들의 분가가 그것을 흔들어 놓았다. 떠난 곳의 멀고 가까움과는 상관없이 자식의 이소(離巢)행위는 어미에게 충격을 주었다. 머리로는 어른이 된 자식 하면서 가슴으로는 품 안의 어린 자식인 채로 그냥 껴안고 있다는 생각이 들었다. 모자 간을 이어주던 탯줄이 얼마나 질기기에 어미는 자식에게 무심할 수 없는가.

어미는 날아가버린 것에 대한 아쉬움으로 공허한데, 제 둥지에 앉은 자식은 어미의 마음을 피상적으로만 느낄 뿐이다. 내가 전에 그랬듯이.

세상에서 가장 어여쁜 사진

멀리 떨어져 있는 손녀의 사진을 찬찬히 들여다보고 있자니 그만 품 안에 포옥 안고 싶어서 안달이 난다. 이 어리고 여린 것이 무엇으로 내 마음을 사로잡았는지, 내게 있는 사랑이 온통 손녀에게로 기울어진 듯하다. 완전히 짝사랑에다가 분명하게 표가 나는 편애다.

이렇게 보고 싶지만 멀리 있으니 당장은 어찌해 볼 수가 없다. 저를 향한 할미의 마음을 전하고 싶어 아이의 할아버지에게 말을 꺼낸다.
"연말이고 한데 우리도 둘째네에게 뭘 좀 보낼까요."
"뭘로 하려고."
"새 달력이 몇 개 있으니까 그 중에서 골라 보내도 되고."
"필요한 것이 있으면 저희들이 사겠지. 여기 있는 것 거기도 다 있는데."
"……"

말해 놓고는 한참 있다가 무슨 생각을 했는지 아이 것은 뭘로 하는데 준비는 됐냐고 묻는다.

내 말에 대하여 왜, 무엇을, 무엇 때문에 식의 질문이 계속될 조짐이 보인다. 눈치가 썩 내키지 않는 듯하여 내 생각을 접어버리고 선물 이야기는 흐지부지해 버렸다. 필요한 것은 즉시 사서 보내주는 사람이고 토요일이 되면 분가해 사는 큰아들 내외와 직장 가까이 따로 사는 막내가 온다고 했느냐고 물으며, 마트에 같이 가서는 삼계탕을 해 주자, 고기를 구워주자, 고기 사다 장조림이나 고추장 볶기를 좀 해 주지…… 하는 사람으로 자식에게 잔정이 없어 그러는 것이 아니라는 것을 내가 아니 더 우길 수도 없다.

가까이 없는 아들 가족을 생각하면 안쓰럽다. 저희들이야 항상 잘 있다고 염려하지 말라 하지만 그런다고 부모 마음이 태평한 것은 아니다. 먼 곳이든 가까운 곳이든 자식을 분가시킨 사람들이 하는 것을 보고 듣는 것이 있어서, 나도 이름 있는 날을 빌려서 무얼 보내 볼까 하고 운을 떼 봤지만 긍정적인 대답을 얻지 못했다. 이지적인 남편의 이성적인 판단과 설명 앞에 내 생각은 지극히 감상적이고 현실에 어두운 것이 된다. 아들이 필요로 하다는 것은 당연히 들어주고 있으니 나머지는 자기들이 알아서 할 일이라 그렇게 잔신경을 쓸 것이 없다는 생각이다. '국제 우편물 폭주…' 운운하는 것을 해마다 이때쯤이면 듣는 소리이고 9·11 이후 무엇은 되고 무엇은 안 되고 포장은 어떻게 해야 하고…… 하니 더 그렇기는 하지마는 나는 작은 것으로 그들 가족 사이에 잠시나마 기쁘고 따뜻한 기운이 퍼지게 해 주고 싶었다. 남편의 말이 현실에 맞지만 내 생각도 마냥 철딱서니 없는 것은 아니라 주장을 하면 들어주겠지만 나는 그것에 서툴다. 큰 것도 아닌 사소한 내 요구가 수월하게 받아들여지면 기분이 좋은데 마지못해 들어주는 눈치가 보이면 마음이 개운치 않다. 조근조근 상대를 설득해야겠지만 그러기도 전에 '별 것도 아닌 것을 가지고' 하며 내 마음이 앵돌아진다. 아마 고치기 힘든 고질병이지 싶다. 그런 다음에는 소가지 못된 내 자신이 마음에 들지 않아서, 상대방이 섭섭해서, 혼자 속을 끓인다. 그럴 때 전에는 책이나 TV가 화를 풀어주었는데 지금은 의젓하게 마음을 도닥거려 주는 사람이 있다.

식탁 옆의 장식장은 할아버지가 손녀의 사진으로 도배를 해 놨다. 생후 2주 무렵부터 최근의 모습까지, 인터넷으로 보내오는 사진을 프린트하여 차례로 붙여놓고 오가며 본다. 마음이 좋지 않을 때는 아기의 사진이 효과 빠른 단방약이다. 사진과 눈을 맞추고 표정을 따라 하다 보면 어느새 부글거리던 마음이 착 가라앉는다.

아기는 새봄 같은 모습으로, 더러는 무심하게 더러는 새치름하게 또는 환한 웃음으로 내 이야기를 들어줄 줄도 안다. 아가, 밖에 나가 보니 작년에 네가 만지던 꽃이 피었더라. 할머니가 어부바해 주고 싶은데 아기도 업히고 싶지. 우리 아야 갔다 올 테니 집 잘 봐요. 라는 말을 하면 손녀는 성가셔 하거나 못 들은 체하지 않고 대답을 한다.

내가 화가 났더라도 손녀의 사진 앞에 있으면 남의 흉을 보거나 욕을 할 수가 없다. 나도 조상의 입장이 되어서 그런지, 내 입에서 나오는 험한 말이나 나쁜 생각이 손녀에게 해를 입히면 어쩌나 하는 생각에 조심을 하게 된다. 손녀가 없을 때는 몰랐는데, 그것이 생겨 내 앞에 있으니 생각만 해도 흐뭇하여, 짜증이 나도 저만 보면 풀어지니 손녀가 할미의 마음도 너그럽게 만드는 모양이다. 세상에서 사람을 가장 행복하게 하는 것이 무엇일까라는 질문에 아기라고 대답한 사람이 제일 많았다는 소식에 전적으로 동감한다.

쳐다만 보아도 기분 좋은 사진, 내게는 세상에서 가장 어여쁜 사진이다. 내게 위로와 기쁨을 주는 사진의 주인공들이 더 생겨나기를 기대한다. 세상에서 가장 어여쁜 사진…….

성명두자

　남편과 나는 외자 이름이다. 성명 3자가 당연시되는 세상에서 성명 2자는 별난 느낌을 주는 모양이다. 더구나 부부가 함께 외자 이름을 가진 경우는 흔치 않아서 그런지 처음 듣는 사람은 대부분 정말이냐며 재미있다는 반응을 보인다.
　우리 부부가 결혼할 때나 아들의 혼사 때 청첩장을 보내면, 받는 사람들은 우리 부부의 이름에 먼저 관심을 보이며 화제로 삼는다고 한다. 동사무소에서 주민등록 등본을 떼면 담당자가 싱긋이 웃고, 다른 사람이 이름을 받아 적을 경우에는 두 글자 적고는 다음자 부르라고 기다린다.

　지금은 외자 이름도 많아서 별나다고 여기는 사람도 적고 나 자신도 이름이 괜찮다는 생각을 하지만 옛날에는 불만이 많았다. 초등학교에 들어가 보니 나 혼자만 이름이 다른 아이들보다 한자 모자랐다. 아이

들은 자기들과 다르게 한 자뿐인 내 이름이 이상하고 생소한 듯 쳐다
보고, 나는 집중되는 시선이 창피하여 고개를 숙였다.
 중학생이 되자 나라에 역사적인 사건이 일어났다. 내 기억에 담임
선생님은 그러지 않는데, 학과목 선생님 중에는 내각수반이 이승만
박사를 해외로 망명시킨 까닭이 무어냐고 짓궂게 묻는 분이 더러 있
었다. 아이 때지만 놀림받는다는 생각에 재미로 그런 질문하는 어른
을 똑바로 쳐다만 보았다.

 이름에 불만이 없어진 것은 유행의 덕이다. 이름도 시대에 따른 유
행이 있고 여자의 이름이 더욱 그렇다. 여자에 대한 인식이 가축과 다
를 바 없을 시대에는 호칭이 없으면 불편하니까 편의상 대강 부른 것
이 이름이다.
 언젠가 호적 등본 떼어놓은 것을 살펴보다가 이름이라고 하기에는
좀 이상한 이름을 보았다. '송 허 실', 이름의 주인은 내 증조모셨는데
그때는 '허실'이가 어떻게 이름이 될 수 있느냐며 웃었다. 생각해 보
면 서글픈 현상인데 소견머리 없을 때라 웃어대기만 했다.
 지금도 내 친정이나 외가의 어른들이 나를 지칭할 때는 '이실'이라
한다. 여성학자나 페미니스트들이 들으면 어이없다 할 그 호칭에 거
부감은 없다. 친정, 외가, 시댁 할 거 없이 어른들은 딸이나 집안의 질
녀들이 혼인하면 관습대로 그렇게 불렀고 당연한 것으로 알고 자랐
다. 친숙한 어른에게 무슨 '실'이니 하는 호칭은, 옛 왕조 시대의 종속
적인 냄새가 깊이 밴 말이라 하며 따따부따 따져가며 내 이름을 불러

주세요라고 하고 싶지는 않다.

　이제 나에게 '이실아' 하고 불러주실 어른도 몇 분 안 계시고, 그 호칭도 곧 사라질 것 중의 하나이다. 학창 시절에는 졸업하는 과 선배의 이름이 전부 '~자'로 끝난 것을 보고 유행을 실감했다. 해방 후 혼란기의 깜깜한 벽촌 태생이지만 이름 하나는 잘 얻은 편이어서 다행이다. 평생 함께할 것인데 섭섭이나 통분이었다면 어떠했을지. 딸이라서 이름에 별 의미도 두지 않고 계집아이 평생에 복이나 받으라고 禎이라 지었다는데 그보다 좋은 뜻이 어디 있는가.

　요즘은 같거나 비슷한 이름이 많아 실수를 한다. 옛날에도 그렇기는 했지만 그때보다 작명에 선택의 폭이 넓어진 지금도 그런 걸 보면 이름 짓는다는 것이 여전히 어려운 일의 하나이다.
　부모는 뜻이 좋고, 부르기 좋고, 듣기 좋고, 발음까지 세계화에 어울리는 이름을 찾노라 고심 끝에 이름을 지었는데도 아이는 제 이름이 흔하다고 불평한다.
　개성시대의 부모는 자녀 이름도 남들과 달라야 해서 온갖 기발한 것을 다 내어놓는데, 그것도 지나칠 때는 욕이 되어 개명까지 하는 경우도 있다. 남다르고 색다른 것도 좋겠지만, 어디서 들어본 듯한 이름이 좋은 이름이란 생각이 든다. 좋은 이름이니까 많이 불러지는 것이 아닐까?

　성명 두 자가 남달라서 불만이었던 때도 있었지만 그것도 언제부턴가 들어 볼 수가 없다. 아무개 엄마, 몇 호, 새댁, 형님, 아주머니 같은 호칭이 이름을 대신한 지 오래되었다.

  그러나 아직도 내 이름을 불러주는 오래된 친구들이 있고, 서로 세례명을 부를 수 있는 사람들이 있어 행복하다.

들려주는 말과 들려주지 않는 말

 오래된 친구와 이웃사촌이 곁에 있다는 것은 생각만 해도 마음이 푸근하고 든든하다. 서로의 성격과 형편도 잘 알아, 장점에 대한 격려나 단점에 대한 주의도 스스럼없이 받아들인다.
 아이 때는 싸우면서 정든다지만, 우정과 친분이 수십 년 유지되는데는 상대방에 대한 이해와 배려가 있었기에 가능하다. 그렇게 함께 한 시간이 길어서인지 때때로 임의로운 것이 지나칠 경우가 있어, 내가 무심코 하는 말 가운데 내 의도와는 상관없이 상대방의 마음을 언짢게 하는 것이 있다. 또한 나도 상대방으로부터 그런 경우를 당할 때가 있는데, 의외로 사소한 말에 짜증이 나고 성가실 때가 많다. 듣기 좋은 꽃노래도 한두 번이라고, 싫은 소리를 되풀이하면 더 그렇다. 나이 값을 해야 하는 처지에, 나 듣기 싫은 소리 한다고 무안을 주거나 큰소리가 나게 할 수는 없다. 이럴 때 내 마음은 감정을 눌러 앉히며 두 가지 말을 하게 한다. 하나는 상대방에게 평소같이 해 주는 말이고,

또 하나는 혼자 속으로 하는 말로 짜증을 달래는 것인데 좀 사납다.

예를 들자면,

너는 왜 말이 없니 ―눌변인 거 몰랐니. (너에게도 자기 속내 털어놓는 사람 있니)

너는 왜 입담이 없니 ―그걸 알면 이렇게 있겠니. 변호사 하지. (너는 입이 싼 수다꾼이지 재미있지는 않아. 착각 말어)

너는 왜 노래를 안 하니 ―못하니까 안 하지. (노래 좀 한다고 남의 노래 비웃지나 말아라. 기분 더럽다)

너는 왜 춤을 못 추니 ―몸치라서 안 돼. (남이야, 제발 상관 말어)

너는 지금도 책 읽는 것 좋아한다면서 ―그래, 수면제용이지 뭐. (이 나이에도 책 읽는다는 것이 아니꼽니, 무릉도원에 엘도라도가 거기 있는데 왜 안 읽겠냐)

너는 지금도 도서관에 왜 가는데 ―냉난방 빵빵하게 틀어준다 너도 가 봐라. (책도 안 읽는다며 왜 물어봐)

너는 왜 그렇게 생겼니 ―그러게 말이다. 시집간 걸 보면 용하지. 남

편이 고맙지 뭐. (그게 내 탓이냐 어쩌라고, 지금이라도 견적 받아올까, 네가 보태줄래. 지랄하네 정말)

　네 신랑은 인물이 좋은데 ―알아, 그러니까 결혼했지. (놓친 물고기처럼 아깝니. 비교당하며 사는 심정 알기나 하냐. 네 꼴도 보니 핥다만 죽사발이네)

　너는 왜 아직도 순진해 보이니 ―그러냐 듣기에는 좋다만 요새는 순진과 바보를 같은 뜻으로 쓴데. (어수룩해 보인다고 날 이용할 생각 말아. 내가 얼마나 의뭉스러운데)

　너는 왜 구두에 욕심을 부리니 ―발 편하게 있을까 하고. (욕심이라니 등신 같은 게 아무것도 모르면서. 사줄 것도 아니면서 왜 그래)

　너희는 부자구나 ―그래 부자 맞아. 4부자가 있는 집. (나도 세금 많이 내보고 싶다)

　너희는 가진 것이 별로 없구나 ―월급쟁이 그렇지 뭐. 복부인 노릇도 못해 보고 뭐 했나 몰라. (맞아, 별로다. 그렇다고 너네 돈 앞에서 주눅들 정도는 아니니까 괜찮아)

　너는 밥을 왜 태웠니 ―깜빡했어. (너는 평생 그런 일 없니, 태웠다

어쩔래)

 너는 왜 음식을 썩혔니 －버리기가 뭣해서 그냥 두었더니 그래. (나도 아까워. 못 본 척 넘어가 줘 짜증나)

 너희 반찬은 왜 이렇게 짜니 －그렇게 됐어. 내가 늙어서 그런가 봐. (그럴 수 있지. 너는 항상 똑같게 만드니, 짜면 조금씩 먹어 바보야)

 너희 반찬 왜 이렇게 싱겁니 －의사가 싱겁게 먹으래. (그럴 때도 있지, 네 입맛이 대한민국 표준이냐. 싱거우면 많이 먹어. 여태 그것도 몰랐니)

 우리 아들은 공부 잘해서 취직도 일류로 해. 그런 효자가 없다 －그래 효자네, 얼마나 좋을까. (내 아들은 그냥 자식이다. 잘 자라준 자식. 앞으로도 복 받고 잘살 것이라 네 효자 아들 자랑해 보았자 하나도 안 부럽다. 계속해 봐)

 너희 남편은 옛날에 천재 소리를 들었는데 －지금도 천재야. 그 머리 어디로 가겠니. (또 그 소리, 아버지 닮은 천재 나올까 봐 심술나니. 이 심술단지야)

 너는 딸이 없지. 늙어가면서 어쩔래, 엄마에게는 딸이 최고다 －그렇다고 하네. 나도 알고 보면 딸이 많아. 조카딸만 해도 13명인데 괜찮지. (네 딸 꼭 너처럼 살꺼다. 어디 가겠니)

내 아는 사람의 아들은 미국 일류 대학에서 박사 땄거든. 네 아들은 아직 그러고 있니 ―그 아이 재주 있구나. 우리 아이도 잘하고 있어. (또 그 소리, 한번만 더하면 백번이다. 난 네가 안다는 사람 얼굴도 몰라. 그리고 우리 아들 하버드 아닌 것 알잖아. 잘하고 있는 아이 입에 올리지 마. 재수 없어. 네 새끼 단속이나 잘해라)

우리 오빠 친구의 사촌이 이번에 높은 자리에 올랐는데 우리 오빠도 그 사람과 잘 알아 ―그 집에 경사났구나. (웃긴다 정말. 네 집일이냐 으스대기는. 하는 꼴이 그 집 가서 문서 없는 종노릇도 하게 생겼네. 기회 만들어서 눈도장 찍어놓고 기다려 봐. 떡고물 떨어질지)

너는 음식을 가리는 것 없이 잘 먹는구나. 나는 편식이 심해서 먹는 것만 먹는데. 옛날에 우리 친정이 부자였거든. 그때는 돼지고기 같은 건 먹지도 않았어. 쇠고기 육장에다 굴비에다 ―옛날에는 조기가 흔해서 집에서 젓갈 담고 굴비 만들고 다 했다더라. (그래서 맛있는 것 나오면 욕심내니 매너 없이? 옛날에 금송아지 없는 집 없었다는 것 너 혼자만 몰랐구나)

허물없이 지내는 사이라도 상대방에게 직접 해당되는 말은 생각 없이 할 것이 아니다. 그런 사이라면 서로의 아킬레스건이 어떤 것인지 잘 알 것이라 역지사지(易地思之)의 마음이 되어 이해하고 예의를 지켜야겠다.

　너는 네가 참 못났다는 걸 알아야 한다 ―예. (알기는 합니다만, 그런데 어떻게 해야 못난이가 안 못난이로 바뀔 수 있습니까. 말씀해 주십시오)

단상
― 1월 1일에

 달력을 새로 받은 지가 엊그제 같은데 마지막 장을 떼어내고 다시 새 달력을 걸었다. 텔레비전이 고정 메뉴인 바다의 일출 모습으로 새해 첫날을 알리듯이, 달력의 1월은 해와 산과 소나무 그림을 그려놓고 새해를 알린다.

 해마다 12월 31일 자정이면, 생중계하는 보신각의 큰 종소리가 듣기 좋아 귀 기울이고, 사람들의 환호성에 종소리가 묻히면 여운을 듣지 못해 아쉬워하며 한해의 마지막을 보냈다. 새해맞이로, 많은 사람들이 신 새벽부터 바닷가나 산마루에 서서 신앙처럼 해맞이하는 것을 보면 나도 따라서 숙연했다. 오랫동안 식상함도 없이 즐겨보던 가는 해 오는 해의 송구영신 행사가 언제부턴가 보이면 보는 거고 안 봐도 그만인 것이 되었다. 수십 번의 새해를 맞이하는 동안 내 감정도 자리 옮기기를 한 모양이다.

내 나이 봄여름이었을 시절에는, 해를 보아도 지는 해가 아름다워 그 노을빛을 좋아했는데 지금은 떠오르는 아침 해가 좋다. 맑게 갠 날 아침 찬란하게 퍼지는 햇살 아래 서면 내 몸은 새 기운을 얻은 듯 활기에 찬다. 그러나 해가 떨어지는 것과 함께 스며드는 거무스레한 저녁의 빛깔은 밤보다 싫다. 어쩌다 별스럽게 고운 저녁노을을 볼 때면 사라질 것의 덧없음이 서글퍼 마음이 고적해진다.

전에는 화려하게 단풍 든 산이 좋아 그것이 통째로 잠긴 물속에 풍덩 빠지고 싶은 유혹을 받기도 했는데, 요즘은 돋아난 새순과 희고 발그레한 봄꽃이 어우러져 아른아른한 환상 같은 봄 산의 모습이 너무 예쁘다. 몸도 마음도 가을의 시절임에도 불구하고 젊고 새로운 것 주위를 맴도는 것은 가당찮게도 소년의 시간을 기대해서일까.

소년의 시기가 부러운 것이 아니라 소년 앞의 시간을 부러워하는 것은 아마 노욕의 징조일 것이다. 나에게 주어진 시간은 어디로 흘려버리고 다시 봄의 시간에 욕심을 낼까.

누구도 제 앞의 시간을 모르니까, 우리는 미리 체념하고 추억만 끼고 살며 과거로 과거로만 퇴행하는 삶이나, 아직도 나에게만은 소년의 시간이 있다고 큰소리치며 꿈속을 헤매는 삶을 사는 수도 있다.

1년, 10년, 흐르는 세월에 얹혀가는 동안에 몸은 쇠잔해지고 목숨 생길 때 받았을 생기도 점점 소멸되어 가니 감정도 따라가야 편할 것 같다. 그래야, 날카로운 것에 덜 상처 입고 둔한 것 앞에 덜 답답하고, 슬픔 앞에 덜 상심하고 큰 기쁨 앞에 날뛰지 않고, 다 알려주지 않아도 섭섭해하지 않을 것이다.

　다시 1월 1일이다. 나이 하나 더 먹고 주름 하나 더 늘고, 내 감정도 시시로 변하며 무디어 가지만 나는 여전히 나일 뿐이다. 이제 나를 위해 갖고 싶은 것은 평심을 구하는 것이다. 수행자가 일생을 두고 얻기 위해 골몰한 무심의 경지는 감히 가늠조차 할 수 없지만, 평심을 찾아 남은 시간을 지낼 수 있다면 그것 또한 큰 복이겠다.

겨울 장다리꽃

저장했던 무의 노란 움잎을 버리기 아까워 물재배를 했다.

움잎은 자기의 처지를 아는 듯 배리배리 가늘게 크더니 그런대로 무청의 모습을 보여준다. 얼마 뒤에는 거기서 건들거리게 긴 장다리가 한 대 올라오고 자잘자잘한 꽃망울이 맺더니 보라색 꽃이 피었다. 조그만 것이 볼품은 없어도 겨울 창가에서 봄을 느끼기에는 충분했다. 기대하지 않았던 것까지 보여준 무청이 예쁘고 장하게 보인 것은, 접시 물에 의지하면서도 잘 살아나 꽃까지 맺는 열정이 있어서다.

장다리꽃은 무의 한살이 중 미완성의 단계이나 그 정점이다. 씨를 남겨야 한다는 본능은 혼신의 힘을 다하여 생애 최고의 아름다운 모습인 꽃을 피우게 했다. 씨에서 발아하는 근본과정을 거치지 못한 부엌의 장다리꽃도 씨에 대한 애착이 있을까.

꽃은 따뜻하고 안정된 곳에 있으면서도 유리창 밖의 세상을 그리워하는 모양이다. 품어주던 포근한 흙과 따가운 햇빛, 목마름을 없애주던 비와 들판의 바람을 만나 본 적은 없지만, 대대로 이어오는 잠재된 의식이 그런 것을 느끼게 할 것이다. 자신이 생장했던 때와 자리를 향한 기억은 겨울 장다리꽃의 시선을 해가 비치는 쪽으로 향하게 한다.

내 부엌 창가의 장다리꽃은 겨울의 햇살이 얼마나 약한지, 눈발 섞인 세찬 바람이 얼마나 아픈지도 모르면서 창밖의 세상에 호기심이 많다. 언제나 자기를 가로막고 있는 저 창문을 깨고 나갈 힘만 있다면, 뛰쳐나가 지금보다 더 따뜻한 햇살과 신선한 바람 속에서 많은 꽃을 만나고 어딘가에 있을 벌, 나비를 부를 수 있는데라며 꽃잎을 활짝 펴고 밖을 본다.

창밖을 동경하는 시간이 길어질수록 꿈꾸는 시간도 길어지는지 장다리꽃은 떨어지는 대신 매달린 채 시들어 간다. 차마 떨어지지 못하고 오그라든 채 매달린 겨울 장다리꽃의 모습은 다 늦게 문학이란 창작 작업에 발 들여놓은 내 모양과 같다.

타고난 정서가 문학과 맞아서인지 외면하지 못하고 그 세계를 바라만 보고 있는데 누가 창문을 열어준다.

나의 무재무능을 탓하며 오랫동안 환상을 가지고 바라보던 세상에 등 떠밀리듯 들어가 보니 겹겹의 벽이 앞을 막아선 느낌이다. 세상살이에 대한 경험 부족은 수용해야 할 벽이고, 축적된 지식의 결핍은 밀어내야 할 벽이다. 좋은 문장을 대하면 주눅이 들어 의기소침한 채 느끼는 자신의 한계도 벽이 된다. 같은 목적으로 만난 사람이 실망을 줄

때는 방탄유리 벽이 생긴다.

　겨울 장다리는 작은 접시 위에 살면서도 씨를 남기겠다는 열망이 있어서 꽃이 피게 했는데, 나는 이제 겨우 움이 텄는가 싶은 정도에서 벽을 느껴 주저앉는다.

　다른 사람이 차려준 밥상을 먹기만 할 때는, 나도 이 정도는 할 수 있겠다면서 앞뒤 분간 못하는 소리를 했지만 작가에게는 쉽게 쓰인 글이란 없다. 몰입하는 열정과 고뇌 없는 창작은 흉내일 뿐이다. 접시물 위에서도 꽃을 피워낸 무 장다리만한 열의도 없이 창작행위에 들어섰다면 되돌아 나가야 할 것이다. 그러나 한때 꿈꾸던 것이었기에 미련이 남아 다가가 본다. 이제는 어찌해 볼 수 없는 벽은 두렵게 여기지 말고 지금이라도 거기에 꿈의 덩굴을 올려야겠다. 열매가 달리면 기쁘겠지만 잎만 무성해도 보기 좋다 할 것이다.

　내 부엌의 겨울 장다리꽃은 씨앗을 갖는 소망은 이루지 못했지만, 결코 버리지는 않았는지 제 색깔을 그대로 지닌 채 시든다.

흐르는 것을 따라 옛날은 갔고 오늘도 가고

춥고 흐린 날, 창밖의 바람도 더러 우는 소리를 낸다.
소파 깊숙이 앉아 책을 본다. 책장은 넘기지도 않고 책을 본다.
포근하고 나른하며 약간 우울한 기분이 방해를 받을까 꼼짝을 않으니, 마음은 끝 모를 곳으로 침잠되어 간다.

오랜 시간의 먼지가 더께 되어 앉고 어수선하며 이제는 삭아질 때가 된 내 기억 창고의 제일 밑바닥에는 무엇이 있을까. 노란 새 짚으로 갈아입은 지붕과 긴 담장, 흰옷 입은 사람들, 누군가의 등에 업혀가는 것이 최초의 기억인 듯 더 나아가지 않는다. 남에게 들은 것을 경험한 일인 양 기억하는 것인지, 정말로 경험한 것인지 구별도 안 되는 시절의 것이지만 노란 지붕과 흰옷은 움직이는 사진처럼 떠오른다.

젊디젊은 엄마가 호롱불 아래서 이른 아침을 먹는다. 엄마 손에 이

끌려 고향을 떠나던 날 여섯 살의 내가 밟고 나온 돌밭과 숲은 지금도 잘 있으려나. 낯선 도시, 전쟁으로 고향에 돌아가지 못한 피난민의 생소한 말씨를 쉽게 듣던 곳. 어디서건 또래는 또래끼리 정겹다.

한 지붕 아래 살던 서울아이 태식이(?)는 내가 기억하는 가장 어린 남자 친구이다. 그 아이는 아버지의 단추라며 사납게 생긴 새가 새겨진 크고 작은 군복 단추를 비밀스럽게 보여주었고, 함께 성냥을 가지고 놀다가 집 태울 뻔한 사고를 저지른 아찔한 기억이 있다. 피난민 태식이는 이내 서울로 갔고, 어리보기 촌 계집아이는 한참 후에 서울 사람으로 등록되었다.

그때 우리 동네 아이들은 이북말 서울말 구별도 못하면서 말씨가 다른 아이만 보면 서울내기 다마내기를 외쳤다. 맛 좋은 고래 고기도 있었지 아마.

옆집 이북 아주머니가 콩나물을 길러 내다 팔던 시장 길에서 본 양장 여인은, 둔부의 모양이 그대로 드러나는 듯이 보였던 통 좁은 치마와 종아리 뒤쪽에 가느다란 줄이 있는 스타킹, 하이힐로 시대의 첨단을 걸었다. 그녀의 차림을 통해 우리는 '다이또 스카트', '가라스양말', '히루'를 알았지만 아이들은 따라다니며 '양갈보'라 해댔다. 그녀가 피난지 생활에도 여유가 있던 집의 귀한 공주였는지, 가족의 밥을 위해 참전군의 위안부가 된 슬픈 공주였는지 우리는 알지 못했다.

전쟁의 포성이 멈춘 지 얼마 되지 않던 시절, 어린 우리는 배만 부르면 세상은 재미있는 것 투성이었고 심심하지 않았다. 판자 울 틈새로 보이는 이웃집 마당의 꽈리, 친구 집의 겁나던 커다란 거위, 군대에 징발당해 군용차가 들락거리던 초등학교 정문, 국화빵 집과 단심 언니, 두부 만드는 집. 모두 나를 심심치 않게 했던 것인데, 꽈리와 거위는 간 곳 없고 어느새 어른이 된 내 아이들이 군대를 가 군용차를 타다 왔다.

  늘어난 피난민들로 인해 학교 담장에 기대어 임시로 지었던 판잣집, 그곳에 살던 맘씨 곱던 언니는 어디 있을까. 탈장으로 울던 어린애의 모습은 기억에서 사라지기를 바라는 끔찍한 것인데 들쑤셔진 기억 창고에서 한번씩 내놓는다.

  동네 옆을 흐르는 신천이라 부르는 큰 내를 우리는 방천이라 했다. 물 맑던 시절의 신천은 빨래터, 놀이터, 피서지였고 때로는 역사의 현장이 되기도 했다. 대통령 선거가 있는 해, 입후보자들의 유세가 있는 날이면 방천은 인산인해가 되었다. 그 무렵이면 외조부의 사랑에는 양복쟁이의 발걸음도 잦았는데 늘 야당이셨던 그 어른께 무슨 말을 들었을까 궁금하다. 흰 두루마기를 입으시고 천변에 서 계시던 모습이 아직도 눈에 선하다.

  어머니에게 매 맞고 풀 죽어 있으면 시장에 데려가 주전부리로 달래주시던 외조모, 시장 구경 이야기를 해도 재미나게 하셨고 활달하고 신명도 많으셨는데 그 어른의 신명을 물려받지 못해 아쉽다. 바쁜 어머니 대신 날 키워주신 두 분인데 여태 산소에 가서 절 한번 올리지 못했으니 이래서 외손 소용없다는 말이 있는 모양이다.

아직도 기쁘거나 슬플 때나 아쉬울 때면 부르는 어머니, 평생을 힘들게 지내다가 아프게 돌아가신 엄마, 그 모습 생각날 때마다 마음이 아프다. 자식을 염려하여 잔정을 보이지 않아 계모 같다고 원망했던 어머니는 잔디지붕 집에서 주무시기만 한다. 자식도 어미 된 지 오래라 그 사정 알만한데 이제 어디서 어머니를 만나 모녀끼리 심중의 말을 해 보나.

기억 속에서 잡히는 내 모습을 보니 의존적이고 무기력한 것이 많다. 도전과 변화를 두려워하는 의식의 완고함은 깨어지기 어렵고, 중심에 서서 시선을 받기보다 가장자리에서 바라보는 쪽이 편했다.

미래에 대한 청사진 앞에서 꿈을 꾸거나, 막연한 불안감에 휩싸이기보다 지나간 것을 추억하는 나이가 되었음을 인정해야겠다. 좋은 기억이 잡히면 웃고, 섭섭하고 속상한 것이면 용서할 것이고, 창피한 것이면 반성하고 용서를 구할 것이다.
옛날은 많은 것을 가지고 갔지만 아직 오늘이 남아 있다.

나이가 떼어버린 딱지

　지난날 극장에서 보던 '대한 늬우스'를 얼마 전에 TV에서 '다시 보는 대한 뉴스'라는 제목으로 방영하는 것을 보았다.
　흑백의 화면은 남녀칠세부동석이 잘 지켜진 교실에 빡빡머리와 상고머리 아이들이 지금 보니 너무 허술한 책상을 사이에 두고 앉아 이야기하는 모습을 보여준다. 시험 때문인지 개구쟁이들의 표정이 제법 진지하다.
　운동장에는 많은 단발머리의 아이들이 미끄럼틀을 타거나 정글짐에 오르는데 그 행동이 아주 조심스럽고 한복차림의 여선생님은 뭔가를 기록한다.
　이제는 역사가 되어버린 지난 추억들이 새삼스럽다. 1957년도 초등학교 생도들의 생활이라는 옛날 아나운서의 목소리가 귀에 설지 않다.
　그때 내 나이 얼마였나. 저기 단발머리들 속에 내가 보이고 1학년 때 담임선생님의 모습도 떠오른다. 텔레비전 화면으로 내 또래의 옛 모습을 보고 있자니 잊힌 줄 알았던 얼굴들이 기억나 그리운 마음에

TV 앞으로 다가간다. 그러자 화면 속의 예쁜 여선생님과 아이들이 47년 후의 미래를 흘긋 쳐다본다.

내 동창들은 얼마나 변했을까. TV나 책은 가끔 나보다 먼저 내 기억 속으로 들어가 나를 놀릴 때가 있다. 화려한 무대의상을 차려입고 열창하는 성악가를 보여주고는 저 근사한 여자가 누구게 한다거나, 어떤 분야의 유능한 전문가를 불러놓고서 누군지 알아맞춰 보란다. 그럴 때면 급하게 기억 창고에 불을 켠다. 형광등이라 스위치를 눌러도 그냥 어두워 더듬거리는데 확 불이 켜진다. 그때야 '어머, 저 아이 우리 동창 아무개 맞네.' 라며 아는 소리를 한다. 중년의 얼굴을 보며 '아이' 라는 말이 너무나 자연스럽게 나온다. 마주 보고 있어도 알아차리지 못할 것 같은 얼굴에서 어릴 적 모습을 발견했을 때, 내 넋은 벌써 다른 공간으로 가서 멈춘 듯 눈앞의 어른은 간 곳 없고, 아이만 보인다.

TV나 책 또는 신문이라는 매체를 사이에 두고서도 이러하니, 어른들이 옛 친구를 오랜만에 보고 '어쩜, 하나도 변치 않고 그대로구나.' 하는 얼토당토 않는 대화가 이상하게 들리지 않는다. 서로의 눈에 어릴 때의 모습만 보이는 안경이 씌어지고, 사라진 줄 알았던 동심이 방울방울 올라와 사방을 날아다니면 어른들은 아이가 되어 이야기도 당신들 아이 때 말로 한다.

내 동창들은 어떻게 살고 있을까. 자신의 꿈을 이룬 훌륭한 동창을 보면 '정말 열심히 살았구나.' 라는 마음에 박수를 보낸다. 그러면서 인생을 허비함이 없이 값지고 옹골지게 살아가는 그들이 부러워 나는 여태 무엇을 했나 하고 자문자답을 해 본다.

"아무개는 좋겠다. 원하던 것을 잡았네. 결국은 이루었어."
"부럽나 보네. 그럼 넌 지금 불행한가."
"불행까지야, 그냥 내가 답답이란 생각과 친구가 부럽다는 거다."
"그것보다는 친구 명성에 배 아픈 것이겠지. 솔직히 그것 아닌가."
"그것은 아니다. 경쟁상대나 되어야 배도 아픈 것이다."
"저들이 땀 흘릴 때 너는 뭘 했는데."
"좋은 시절 헐렁헐렁 그냥 흘려 보냈네. 재주도 욕망도 의지도 없었으니까."
"그러면서 무얼, 부러워할 자격도 없네. 장한 동창에게 박수를 보내고 기뻐하면 되겠네. 그리고 주변에다 자랑도 하고."
"내가 왜 자랑을 해야 하니 친하지도 않았는데. 유명한 아무개가 내 동창이란 것 그것이 내 자랑이 되니."
"어떤 사람은 없어서 못 하더라만. 유명인과 고향만 같아도 으스대는 세상이야. 내가 다 알어. 잘난 동창 자랑하다가 비교당할까 봐 그런다는 것. 부탁하는데 이제는 그 곰팡내 나는 열등감에서 벗어나라. 그 나이에 처량하다. 누가 아니? 너 같은 삶을 부러워하는 사람도 있을는지."
"그래, 그럴 수도 있겠지. 나도 찾아보면 괜찮은 쪽이 많은 사람이야. 나 어디가 어때서."

자신이 이루고자 한 것을 훌륭히 해낸 동창의 모습을 대할 때면 딱지로 붙어 있는 감정 하나가 슬며시 들고 일어나는 시절이 있었다. 그런데 다행스럽게도 이제는 적지 않는 나이가 양약이 되어 부질없고 쓸데 없는 딱지를 수월하게 떼어주었다. 오래 숨어 있던 열등감이란 것, 그것도 세월 앞에서는 아무것도 아닌 것이 되니 나이 먹었다는 것이 이래서 좋은가 보다.

 이 많은 인구 중에서 두각을 나타낸 내 동창들 정말 보기 좋다. 나처럼 있는 듯 없는 듯이 살아가는 동창들도 이제는 아픈 데 없이 건강하게 잘 있기를 바란다.

흰 머리카락 사냥

거울을 마주한 채 눈에 힘을 줘가며 흰 머리카락을 찾아 뽑는다. 희뜩희뜩 보이는 흰 것은 검은 것보다 억세고 윤이 난다.

노인의 백발은 자연스러운 현상이라 나름대로 매력 있고 멋있다고 하면서 막상 나에게 노년기의 징후가 나타나자 거부감이 생긴다. 백발이 모두 노인의 것은 아니지만, 내 나이에 맞게 찾아온 흰 머리카락은 이제 젊은 기운은 다 소진되었으니 늙는 것을 초연하게 받아들이라고 하는 메시지이다.

주위에서 나를 두고 딱 한 가지 부러워하는 것이 천천히 세는 머리카락이다. 일찍 찾아온 백발 때문에 오래 전부터 염색을 하는 사람 앞에서, 내 머리에 흰 것이 또 늘었네 어쨌네 하다가는 눈총에다 야단까지 맞는다. 젊은 날 별나게 검던 곱슬머리는 외가 내림인 듯, 나의 외조모를 거쳐서 내 손녀까지 5대를 이어오니 어찌해 볼 수 없는 유전의 현상이다.

옛날에, 흰 머리카락 하나에 10원은 많으니 적으니 해가며 어머니의 센 머리카락을 뽑아드린 때가 어제 같은데, 어느새 나의 머리도 가려서 뽑아줄 손을 기다리게 되었다. 올해 들어 센 털이 부쩍 늘어 뽑아 보는데 그때마다 검은 것이 꼭 따라 나온다. 많지도 않는 머리숱인데 흰 것 뽑으려다 대머리 만들게 생겨서 천상 다른 손을 빌려야겠는데 마땅치가 않다. 손 빌리기 만만하다는 딸은 없고 아들 며느리도 가까이 없어 남편에게 부탁을 해 보건만 어렵다. 우선 돋보기를 끼어야 하니 귀찮고 오래 염색을 해 온 형편이라 너도 당해보라는 심사인지 안 뽑아준다.

내 머리도 아직은 괜찮지만 머잖아 염색의 신세를 져야 할 것 같다. 아름다운 용모를 최선책으로 치는 사회 분위기에 부응하느라, 육신을 환골탈태시키는 것을 흔하게 보면서도 내 모습을 가꾸는 데는 서툴다. 남들 다하는 귀볼 뚫기도 겁이 나서 못하는 형편이니 액세서리 하나도 구색 맞추어 못한다. 솜씨 있는 사람은 자신의 머리도 혼자 잘 만지는데 나는 꼭 미용실을 가야 된다.

살다 보면 하기 싫지만 꼭 해야 될 것이 있고, 가기 싫어도 가야 할 곳이 있다. 그중에 내가 가기 싫은 곳은 20년을 알고 지내도 데면데면한 사람의 집과, 관공서와 병원과 미용실이다. 주인 혼자 움직이는 동네 미용실은 친숙해서 좋으나 솜씨가 염려되고, 솜씨 찾아 이름난 곳을 찾아가 보면 대형 점포와 기업체 시스템에 주눅이 든다. 거기에다 특별대우를 받으려는 '단골 댁'들의 행태가 생리에 맞지를 않아 미용실이 가기 싫지만 가야 할 곳이 되어버렸다.

　미용실을 가야 할 때가 되면 찾는 곳은 그래도 동네 미용실이다. 솜씨가 좀 못하면 어떤가. 내 모습 내가 볼 수 있는 것도 아니고 남 보기에 단정하면 된다 싶어 마음 편한 곳을 택한다. 거기 가면 멀리 가실 수 없는 안 노인들이 많이 오신다. 염색도 하고 파마도 해서 깔끔하고 참한 모습으로 나가는 것을 보면 나이 들수록 나를 가꾸어야겠다는 자각이 생긴다.

　전에는 뚝배기 광낸다고 은그릇 되느냐라는 말로 꾸미고 치장하는데 소홀한 자신을 합리화시켰지만, 이제는 광나는 뚝배기가 때가 끼어 시커먼 은그릇보다 보기 좋다는 말을 내 자신에게 자주 들려줘야겠다.

　굽은 어깨와 줄어든 키야 어쩔 수 없지만 단정한 백발은 주름과 어울려 사람을 품위 있어 보이게 한다. 염색머리든 백발이든 노인들 당신 취미대로 머리 손질을 하는 것을 보면서 흰 머리카락 사냥을 그만두기로 마음먹었다.

　백발, 맞아들일 생각은 추호도 없었지만 돌아갈 가망이 없는 손님이라 좋은 친구로 동고동락하기로 했다. 태어남과 끝남이 분명한 삶을 받았으니 순리대로 살면서, 흰 머리카락을 뽑을 것이 아니라 마음에 가득한 잡다한 것들을 뽑아야겠다.

단상
― 돌멩이

　수석 수집이 취미는 아닌데 돌 여덟 개를 가지고 있다.
　돌 축에도 못 끼는 작은 돌멩이로, 크기가 어른 손만 하고 넓적한 것은 누름돌이고 자잘하고 예쁘장한 돌멩이 다섯 개는 공깃돌이다. 그리고 동글납작한 청회색 돌은 외국 것으로 기념으로 지니고 있다.
　누름돌과 공깃돌은 강원도 인제의 내린천 것으로, 수년 전 내린천을 막아 댐을 만들려는 계획에 인제가 반대 여론으로 들끓을 때 안타까워 몇 개 건져온 것이다. 내린천과 영월 동강에 댐을 건설하는 문제로 인제, 영월이 몸살을 앓더니 잠잠해지고, 요새는 래프팅을 즐기는 사람들로 울긋불긋하다.

　내린천 물가 바위에 앉아 옛사람들 시늉으로 탁족을 하고 한나절을 보낸 적이 있다. 물이 시리게 차서 발을 담갔다 뺐다 하며 땀을 식히고, 바닥이 훤히 보이는 맑은 물속에서, 밑반찬거리를 눌러줄 돌을 찾고 옛 생각이 나서 공깃돌도 골랐다. 그리고 댐이 들어서서 여기 있는 것들이 물속으로 사라질 경우, 이 작은 돌을 통해 이곳을 기억할 수 있기를 바라며 돌을 주웠다.

한때는 수석이 취미라는 사람이 많아서 명산대천은 좋은 돌 구해 보겠다는 사람들로 붐비던 적이 있었다. 돌은 제 생긴 대로 가만히 있는데 사람이 돌을 두고 값을 매기고 칙사 대접을 하거나 홀대를 하며 법석을 떤다.

동강의 돌을 보니 강의 것이라 둥글둥글하고 순하게 생긴 것이 많다. 전에는 비경으로 소개될 만큼 아름답고 깨끗하던 강이 지금은 그렇지 못하여 강 하류 쪽은 돌에 흙때인지 물때인지가 껴서 미끌미끌하다. 어느 곳이건 사람이 많이 꼬이면 탈이 나게 마련인가 보다.

호젓한 숲이나 산길에서 돌무더기를 만날 때가 있는데 사람의 흔적이어서인지 보면 마음이 놓인다. 무심하게 지나치는 사람도 있고 일부는 돌을 주워 무더기 위에 올려놓고 간다. 돌을 얹어놓는 행동이 장난치듯 하는 사람도 있고 정성스레 하는 사람도 있다. 장난이든 개인의 종교적 습성이든 돌멩이를 올려 쌓는다는 행위는, 우리 민족의 형질 속에 녹아들어 이어오는 기도의 행위인 듯하다. 아무런 의미가 없어 보이는 돌무더기도 많은 사람의 염원이 깃들면 돌탑이 되고 탑은 기원의 장소이다.

언젠가 돌로 조각된 여인의 가슴을 만져 보았다. 작품을 보는데 정말 사람의 가슴처럼 부드럽고 따듯할 것 같다는 느낌에 만져 보고 싶어 손을 댔다. 작가에게 무례를 했지만 돌덩이에서 온기를 느끼게 만든 것은 작가의 책임이다. 무생물인 돌도 인간의 염원이나 혼신을 다한 정성이 거기에 이입될 때는 하나의 생명체로 존재하는 모양이다.

전에 외조부께서는 돌 한 점을 키우셨다. 돌을 키운다는 말은 이상하지만 그 어른이 '돌도 큰단다.' 하시며 물을 자주 주라고 했던 것을 기억한다. 돌과 아주 작은 나무가 함께 수반에 있었는데 수석인지 분재인지 아이 때 일이라 분명치가 않다.

돌이 큰다는 것이 어떤 의미인지, 그때의 외조부 연세보다 더 나이를 먹은 지금도 나는 그 뜻을 모른다.

우리 집에 굴러다니는 돌멩이, 인제 것과 외국 것을 가지고 돌 쌓기를 한다. 흘러나온 곳이 그 어디인지 모르지만, 돌은 태어날 때 함께 생겨나 억겁의 시간이 흐르는 사이 돌멩이가 되어 다시 만났을지도 모른다. 조그만 돌탑이 하나 생겼다.

돌도 자란다고 하셨던 외조부께서는 심중에 올곧은 돌 하나 키우시며 세상을 사셨을 것인데, 나는 하릴없이 돌탑만 쌓다가 허물다가 한다.

꽃비 맞는 봄

 봄바람 부는 날 벚나무 아래를 지나다가 꽃비를 맞았다.
 우리 동네도 봄이 오면 꽃동네로 변한다. 산수유가 노란 꽃망울을 터뜨리며 봄이 왔다고 사방에 알리면 다른 꽃나무들도 바빠진다. 가로수가 된 벚나무에 꽃이 피면 공원의 낮은 담장 곁에는 가지치기로 단발머리가 된 개나리가 늦을세라 꽃 피우기에 한창이다. 아파트 마당의 목련이 우아한 모습으로 뭇시선을 끌면, 동네 산의 진달래가 나도 있다며 붉게 핀다.

 나무의 꽃들이 피고 지고 하는 동안 길가의 대형 화분에는, 크고 작은 예쁜 팬지와 기억력이 쇠퇴한 나와 이웃이 이름을 듣고도 잊어버려 그냥 분당꽃이라 부르는 꽃이 귀여운 모습으로 색깔 맞춰 앉아 있다. 꽃들이 사라지고 초록색 새잎이 다시 나무를 장식하면 길 따라 무더기로 심어놓은 영산홍이 진분홍, 주홍, 흰색의 꽃잎으로 도시를 채

색한다. 봄이 다 가도록 꽃에 취해 있는데 다시 장미가 피고 찔레가 피고 토끼풀 꽃도 피고.

이렇게 항상 꽃이 보이는 길을 걸으면 미국 플로리다의 작은 도시가 생각난다. 우리 동네보다 더워서 겨울이 와도 눈 구경을 할 수 없는 그곳에서 4월 한 달을 보냈다. 지금도 부러운 것은 깨끗한 공기와 넓은 땅이고 기억에 생생한 것은 도시를 뒤덮고 있는 초록색깔이다. 큰 주차장이 필요한 대형마트의 주변이나 색갈이 다를까 학교, 주택단지, 병원 같은 것이 나무숲과 잔디밭으로 둘러 싸여 있다.

아름드리 나무가 보기 좋게 자리 잡은 공원에는 잘 손질된 너른 풀밭이 있어 어쩌다 희고 노란 들꽃도 볼 수가 있다. 온통 푸른 것 천지에서 다른 색깔의 것을 보니 굉장히 반가운데 그것도 얼마 못 있고 풀 깎는 기계 속으로 사라져 사람을 섭섭하게 한다. 풀꽃 주제에.

그 동네 사람들은 꽃 가꾸는 것보다 풀 깎는 것에 더 신경을 쓰는지 꽃이 귀하고 길섶에 들꽃이 한들거린다 싶으면 어느새 없어진다. 꽃이 보이기는 하는데 주변의 초록에 비하면 터무니없이 적어 보인다. 어쩌면 봄이 이미 가버려 봄꽃이 사라졌을지도 모르지만, 4월이면 우리 동네는 꽃잔치가 한창인데 그 동네에서는 보이는 것이 초록이라 질려버렸다.

눈만 돌려도 산이 보이고 한 고개 넘으면 바로 앞에서 물이 출렁이고, 저 모퉁이 돌면 들이 나타나며 철마다 산천의 색깔이 바뀌는 곳에서 평생을 살고 있는 산골동네 출신이, 거대한 초록의 물결 속에 자연스레 흡수되기에는 한 달의 시간은 너무 짧은 모양이다.

다시 우리 동네로 오니 영산홍의 늦둥이들이 마지막으로 나와 있어 예쁘고 반가웠다. 마당 없는 집에 살면서도 이렇게 꽃 사치를 누릴 수 있는 것이 이 동네에 사는 행복이고 이런 동네를 가꾸는 우리 동네 사람이 고맙다.

박꽃과 호박꽃

　박과 호박은 우리와 친숙하다. 둥글둥글 푼푼한 생김새와 사람에게 실용적인 도움을 주는 점이 서로 닮았다.

　지금은 박의 실물을 보려면 민속촌을 찾아야겠지만 60년대만 해도 쉽게 볼 수 있었다. 박은 오랜 시간을 우리 곁에서 흰 속은 음식으로 파르스름한 껍질 쪽은 여러 가지 살림도구로 가공되어 부엌을 도왔다. 서민의 생활에 이전보다 윤기가 돌기 시작하자, 박은 초가와 고샅길과 함께 가난한 시절의 상징처럼 되어 그간의 공로도 없이 사라지듯 했다. 이제 박은 극소수의 농가와 공예품점 그리고 동화책에서나 명맥을 잇고 있다.

　외모에 대해서 할 말이 많을 것 같은 호박은 생김새보다 내용이 훌륭해서 갈수록 인기가 있다. 호박이 가진 좋은 성분이 새록새록 알려

지자, 먹는 것을 두고도 인물 따지던 인심이 찬바람이 불면 누른 호박으로 집안 장식을 한다. 박은 모습 보기도 쉽지 않은데, 호박은 몸에 좋다면 비상도 마다하지 않는 세상을 만나 제 무게보다 더 값을 올린다.

여름 땡볕의 흔적이 남은 마당에 멍석을 깔고 저녁을 먹는다. 애호박과 감자를 넣은 수제비를 땀 빠뜨려가며 먹고 나면, 낮은 담장을 넘어온 바람 한 줄기가 시원하고 어둠은 기척 없이 들어와 있다. 땀 식히려 개천으로 가는 길에는 박꽃 같고 호박꽃 같은 처녀 총각들로 신작로가 비좁다. 시원해져 집으로 돌아오는 길에 처녀들은 달이 밝으면 사랑 이야기를 소곤거리고 달이 어두우면 귀신 이야기를 겁먹은 소리로 한다. 그런 밤, 뒷간은 무서워서 못 가고 요강을 찾아 마루로 간다.

박은 초가지붕 위에서 영글어야 제격이라는 것을 아는 듯 외양간 벽과 지붕에 박꽃이 피어 달과 별을 보며 웃는다. 달 뜨면 피어서 해 나오면 오므리는 박꽃은 불쌍한 옛 여인의 꽃이다. 남편을 위해 죽어주지 않아서 미망인이 된 여인에게 법은 지엄하고 관습의 굴레는 여인을 종신 죄인으로 만들었다. 자책하여 그림자처럼 살지만 한은 깊어가고 밝음에 대한 갈망은 높다. 환한 햇빛 아래 들고 싶지만 죄인에게 햇빛은 버겁다고 스스로를 옭맨다. 여름밤 달의 정기로 박꽃은 피고 박꽃은 여인에게 하늘의 위로를 준다. 옛날의 불쌍한 여인은 가슴에 그믐달 같은 비수를 품어야 보름달처럼 웃을 수 있었다.

  이름에 '호' 자를 붙여서 외래종 표시를 내는 호박은, 이 땅의 언제적 사람과 첫 대면을 했는지 모르지만 너무 익숙하여 덤덤하다. 그때부터 호박은 식용으로만 쓰여, 쓰임새가 다양한 박에 비하면 홀대를 받았을 것 같다. 박은 머리가 굵도록 '어매, 밥' 소리만 할 줄 아는 흥부의 자식 주린 배를 달래주고 부귀영화도 주었는데, 호박은 기껏해야 심술보 달린 놀부가 말뚝이나 박던 물건이니 못난 것 소리나 들었겠다.

  밭두둑에서 제 잎으로 몸을 슬쩍 가리고 앉은 호박은, 꽃 취급을 못 받으면서도 아주 당당한 모습으로 꽃을 피워 샛노란 속을 확 드러내고 흐벅지게 핀다. 탐스럽구나 하자니 모란이 비웃을 것 같고, 잘생겼다 하면 국화가 자존심 상할 것 같아 그냥 푸짐하게 생겼다 한다.

  도시의 담장 위나 깊은 골짝 산비탈에나 뿌리 내려진 곳의 형편대로 피는 호박꽃은, 열심히 일하다가 때가 되면 눈치 볼 것 없이 가슴 내어놓고 아기 젖먹이는 활달하고 건강한 여인 같은 꽃이다.

  박과 호박의 덩굴손은 무엇이든 감아 나간다. 감을 것이 없으면 기어서 뻗어나가니 삶에 대한 집념이고 더 많은 열매를 맺기 위한 본능의 투쟁이다. 둘이 닮았지만 한때 널리 애용되던 박은 잊혀지고, 못난이로 불렸던 호박은 전성기를 누리고 있다.

  박꽃과 호박꽃의 모습은 수수하지만 소중한 열매를 키워 우리에게

준다. 달빛 받아 흰 꽃피는 박은 하얀 속에 달을 담아주고, 햇빛 받아 노란 꽃 피는 호박은 노란 속에 태양을 담아준다. 한 통 가득한데 빛은 헤아릴 수 없는 것, 그대로 은총이 되어 우리에게 온다.

참,
그 옛날
반딧불이 잡아
호박꽃 속에 넣어
들고 놀던 꽃 초롱은 어디에 있을까.

산

 산 중턱에 있는 오두막에 가면 맨 먼저 멀리 보이는 큰 산에게 인사를 한다. 산의 자태는 늘 장엄하나 표정은 다양하여 때에 따라 암녹색이나 청회색 또는 남이나 보라의 모습을 하고 인사를 받는다.

 큰 산의 봉우리가 우뚝하여 앞을 막은 듯하나, 주변의 작은 산을 첩첩이 껴안은 채 멀리 있어 답답하지 않다. 큰 산이 더러 안개나 구름을 불러 모습을 가릴 때면 가까이 있는 작은 산이 자기가 큰 산인 양 우쭐거린다.

 안개가 물러나고 햇살 아래 산에 있는 것들이 모습을 드러낸다. 참나무, 두릅나무 같은 낙엽수들이 초록의 제복을 벗고 울긋불긋 자유로운 옷차림으로 성장을 했다. 여름내 억센 기운을 자랑하던 잡초는 지나가는 건들바람에도 힘겨워하고, 꽃 달린 것들은 어느새 씨앗을 날려 보냈는지 빈 주머니를 달고 있다. 무엇에든 의지를 해야 하는 운명을 타고난 칡은 덩굴 줄기를 무기로 주위의 것을 온통 뒤덮고 있다. 저 살기 위해 다른 것의 숨통을 막는 그것도 이제는 후줄근한 모습으로 변했는데, 한 번 움켜잡은 것은 놓을 줄 모르는 듯 아귀세게 마냥 붙들고 있다.

　계절과 함께 한살이가 끝나가는 그 옆에, 새로 한살이를 시작하는 잡초가 아직은 열정이 남은 햇볕을 받으며 파란 몸을 내밀고 있다. 보다 앞선 것인지 너무 늦된 것인지 알 수 없는 것이 땅에 바짝 붙어 있는 모습이 암팡지다.

　산에 있는 것들은 저렇게 자연 법칙에 따라 순리대로 살아가는 모습을 보여주는데, 보면서도 느끼지 못하는 나는 얼마나 더 시간이 흘러야 산의 말귀를 알아들을까. 우리는 곱게 물든 나뭇잎을 보고 아름답다 탄성만 질렀지 그것이 나뭇잎의 마지막 치장인 것을 잊고 있다.

　쾌락이라는 당장 입에 단맛에 현혹되어, 약인지 독인지 구별도 못하고 거기에 탐닉하여 헤어나지 못하는 인생은 나뭇잎보다 못한 생을 사는 것이다. 이제는 늙어 정신까지 흐릿하건만 여전히 자기 세계에 갇혀, 충족되지 못한 자신의 욕심을 위해 어떤 이해도 배려도 없이 집착만 하는 추한 노년은 칡의 덩굴줄기와 닮았다.

　산은 우리에게 채울 때와 비울 때를 가르쳐 주지만 우리는 외면하거나 무시하면서 마음속 욕망의 속살거림에만 귀 기울인다. 머리로는 알아듣지만 마음이 열리지 않는다.

아름다운 봄산도, 무성한 여름산도, 풍성한 가을산도 그 산에 겨울이 오면 모든 것을 접고 그 앞에서 겸손해진다. 겨울은 냉엄하지만 산의 본 모습을 드러내고 새롭게 정화시켜 더욱 튼튼히 살아나게 준비를 시킨다. 겨울은 산이 기도와 정화의 시간을 보낼 때다.

많은 것을 키우고 품어주는 산이 이따금 제 모습은 구름 속에 감춰버리는 것을 보면 품위 있고 너그러운 노년의 여유를 보는 듯하다. 내 살아온 일생이 대단하니 내 생각만이 옳고, 내 경험이 다양하니 꼭 나만 따라야 한다고 고집을 부리지 않고, 이런저런 일 다 알려고 하지 않으며, 늙음에 대해 억울해하지 않으며, 방금 사라질 안개를 보고 짜증 내지 않는, 그렇게 해서 자신과 주변을 편하게 하는 사람. 그렇게 늙고 싶다고 큰 산에게 말한다.

황새울 들에서

　용인 땅 저 안쪽 조비산 아래 황새울은 그 옛날 황새들이 날아와서 살던 곳으로, 지금은 그들의 자취가 마을의 이름이 되어 남아 있는 곳이다. 하얀 몸통에 날개 끝에는 검은 물들이고, 성큼성큼 들과 개울을 누볐을 그들은 어디로 갔는지 아는 이 없고.

　새봄,
　겨울이 꼬리를 감아 들이다가 마지막 심술을 부려 보는 때, 이상 난동의 끝자락에 꽃샘바람 맵게 휘돌고 간 뒤 놀란 들판이 봄비 한 자락 없어도 깨어나니 반갑다.
　긴 겨울의 우울을 몰아내는 봄 햇살, 얼음 풀리는 대지의 흙빛,
　늘 졸졸거리다가 여름철 큰 비 한 차례면 넘실거리는 작은 도랑의 살얼음 아래로 흐르는 물,
　가물다가 농사 시작하라는 듯 내리는 비, 거름 실은 차가 천천히 지

나가도 이내 찬물 냄새가 나는 바람.
　모두 반갑다.
　또,
　양지바른 둑의 마른 풀 아래 숨은 애쑥,
　묵정밭의 땅 바닥에 착 달라붙은 냉이,
　그 사이에 자잘하게 다진 노랑꽃을 내보이는 꽃다지,
　겨우내 덮었던 이불을 벗어버린 마늘의 파란 잎,
　시고 못 생겨서 푸대접받고 잡초인 양 자라던 딸기의 새잎,
　앞뒤 도랑가에서 소리 소문 없이 돋아난 미나리의 어린싹,
　길가 담장에 바짝 붙어서 아기 손바닥만큼 자란 접시꽃의 이파리,
　지난 김장철에 묻어둔 무의 멀쩡함,
　반이 썩었지만 나머지 반은 먹을 수 있는 배추,
　아직은 나목이지만 여름날의 그늘과 가을이면 실한 아람을 통째로 내어주는 밤나무.
　모두 반갑다.

　그리고,
　갈아엎은 밭에서 풍기는 흙의 냄새,
　어쩌다 땅 위로 나와 버린 통통한 지렁이,
　아름답게 채색한 등딱지를 단 채 겁없이 다니는 새끼 무당벌레,
　키 큰 나무의 우듬지쯤에 집을 지어 전기회사 사람을 괴롭히지 않는 착한 까치,

주인을 따라 나와서 봄 들판을 이리 뛰고 저리 내달리는 흙강아지,
몇 번 본 얼굴이라 모른 채 할 수 없다는 듯 열심히 짖어대는 다리 건너 집의 개,
그 개 짖는 소리 멎은 들판의 고요는 더욱 반갑고.

인간보다 나은 예지가 있어서 고향 같은 둥지를 버린 황새들의 새로운 보금자리가 어디이든 연민으로 감싸 안고 침묵하는 황새울의 하늘.
그 맑고 푸른빛이 반갑다.

봄 들판은 반가운 것들의 세상이다.

눈 오는 날이면

눈이 새하얗게 와서
눈이 새물새물 하오
―윤동주의 「눈」

눈이 오는 날이면 사방이 탁 트인 들판을 보고 싶습니다.

눈은 겨울의 메마른 공기를 눅여주고 삭막하고 우울한 마음에 위안과 여유를 준다. 옛날의 눈은 아이들의 함성과 함께 와서 명랑한 웃음이 가득한 세상을 만들고, 청년에게는 훗날의 추억거리를 생기게 하며 노년에게는 지난 시절의 이야기를 풀어놓게 했다.

오늘, 도심에 내리는 눈은 교통대란이라는 현실적 문제 앞에 애물단지가 된다. 이제는 눈도 내릴 장소를 가려서 내릴 줄 아는 눈이 있어야 할 세상이 되어버렸다. 내려 쌓이는 눈을 뭉치고 싶지만 마음뿐이라 그저 바라만 본다.

어릴 때, 우중충하고 하늘빛이 무겁던 겨울날 기어이 눈발이 날리고 바람이 세어지면, 골목 사이로 눈이 쌩쌩 날아가는 광경을 보며 눈이 옆으로 온다며 신기해했다. 그때 내 몸은 눈같이 가벼웠고, 마음은 눈처럼 깨끗했으리라.

몰아치는 눈보라를 보면 들판이 생각난다. 침묵 속의 들판은 잉태된 생명의 출산을 은밀히 준비하고 그 위를 돌고 있는 바람은 청량한 생기를 준다. 지평선이 보이는 넓은 들에서 북풍과 함께 힘찬 군무를 추는 눈을 본다면 가슴속의 소멸되지 않고 갈무리된 불씨 하나 되살아날 것 같다. 눈이 마구 날고 있는 들판 가운데 서 보고 싶다. 희열 뒤에 오는 것은 허무가 아니라 충만일 것이라서.

눈이 내리는 밤이면 옛 동네가 그립습니다.

동네를 두어 군데 옮겨 다니다가 한곳에서 11년을 살았다. 아파트는 낡았지만 늘 보는 사람과 오래된 나무들이 좋았다. 이웃들은 함께 웃고 오지랖 넓게 걱정도 하고, 가끔은 서로 얼굴 붉힐 일도 만들면서 사촌이 되었다. 지척인 공원에서 열던 비스킷 파티와 앵두, 복숭아 서리의 추억이 있는 훈기 돌던 옛 동네가 그립다.

그곳에 겨울이 오고 눈이 내리면 우리는 근사한 보석을 선물로 받는다. 높고 긴 축대 위에 드리워진 개나리 넌출마다 눈꽃이 피고 가로등 불이 켜져서 그곳을 비추면 눈은 아름다움과 찬란함의 실체를 보여준다. 수정을 작은 모양의 입자로 만들어서 낱낱이 이어붙인 보석 세공품 같은 개나리의 넌출이, 한들거리다가 방금 영롱한 소리를 낼 것 같아 환상을 붙잡아 확인하듯 바라보았다. 눈이 만든 작품은 어느 순간 자연으로 돌아갔지만 감동은 고스란히 남아 보석점 진열장의 것은 시시하게 보였다.

 옛 동네에서 만난 참한 사람들은 내 보석이고 그들은 제 색깔로 빛을 낼 줄 안다. 눈 내리는 밤이면 옛 동네가 그리우나, 여전히 함께하는 인정들은 변함이 없어 겨울밤도 포근하다.

 눈이 쌓인 날 아침에는 큰 산이 보고 싶습니다.
 바람기도 없는 날, 함박눈이 내리면 탐스러운 것을 받아 들여다본다. 운이 좋으면 맨눈에 눈의 생김새가 보인다. 확대경을 대고 보면 눈에도 뼈 같은 것이 있어 그것이 서로 연결되어 한 개의 결정체를 만드는 것 같다. 흰 눈의 보이지 않는 뼈는 수많은 형태로 이어져 아름다운 결정체를 만들고, 송이가 되어 내려 쌓이면 나무마다 눈부신 눈꽃이 핀다.
 세상에는 뛰어난 재주로 우리에게 기쁨을 주는 사람도 많아 우리는 고맙게도 그들 덕분에 즐거울 수 있지만 위로받는 시간은 길지 않다. 우리 눈에 보이지 않는 것까지 아름답게 만든 신의 손은 인간에 대한 사랑과 위로인가 보다.
 큰 산 주름마다 눈이 쌓이고 거기에 햇살이 퍼지면 감사하는 마음과 위로받고 싶은 마음을 위해 큰 산이 보고 싶다.

혼자 남은 큰 독

사람이 살다 나간 집의 부엌 어둑한 곳에 방치되어 있는 커다란 독이 있다. 물독으로 썼음직한 것이 부른 배를 내밀고 아직도 짱짱하다는 듯 서 있다. 사람이나 물건이나 뚱뚱하면 제 대접을 못 받는 세태라, 큰 독은 쓰일 곳도 없는 것이 덩치만 크다고 버렸을 것이 분명하다.

새로운 것을 향한 끊임없는 호기심은 발명과 발견을 통해 인간에게 새로운 무엇인가를 제공한다. 수많은 시행착오의 과정 끝에 생겨난 새로운 것들 가운데는, 인간을 편리한 것에 대한 중독자로 만든 것도 많다. 더 쉽고 더 빠르고 더 편리한 것을 끝없이 요구하고 기대하며 이전의 것을 쉽게 잊어버린다. 빈 집에서 집과 함께 사그라져 가고 있는 큰 독도, 편리한 것에 길들여진 세상을 만나 옛 영화도 간 곳 없이 버려져 있다.

어릴 때부터 늘 가까이 있던 것이라 관심도 없던 옹기가 눈에 들어

온 것은 내 모습이 가운데가 부른 독과 비슷해질 무렵이다. 그 즈음에 건망증이 생기고 듣기와 보기를 동시에 하려 들면 두 개 전부를 망쳤다. 새로운 것에 손과 눈이 익숙해졌다 싶으면 어느새 구식이 되니 편의를 위해 다양한 기능이 붙어 있는 물건도 달갑지가 않았다.

사람에 대한 호감도도 변하는지 조용하고 반듯한 사람보다 수더분하고 시원시원하게 말하는 사람이 더 좋아 보였다. 그래서인지 보기에도 꽤 까다로운 자기그릇보다, 말 그대로 예쁠 것도 없고 아무렇지도 않은 옹기가 만만하니 친근감이 생겼다. 유유상종이 사람 사이의 일만은 아닌 모양이다.

큰 독이 쓸모없다고 방치되는 와중에도 제 쓰임새대로 자리 찾아 명맥을 잇는 것도 많다. 지금도 전통 세가의 대물림된 장독대를 보면 그 집안의 내력과 인심을 짐작할 수 있고, 천년을 이어온 사찰의 장독에는 긴 세월 동안 중생들에게 베풀었을 나눔의 풍성함이 독마다 한 가득이다.

안성에 있는 농원의 장독이나, 남도의 큰 매실 농장의 독은 지금도 당당하게 대접받는 독이다. 하나 같이 정갈하게 닦여 필요한 내용물을 담은 채 줄 맞추어 늘어선 독의 모습을 보면 그것이 보배고 귀물이란 생각이 든다.

세월은 많은 것을 변하게 했지만 사람의 입맛은 거기에 쉽게 따라주지 않는다. 어릴 때 접한 맛의 기억은 한번 입력되면 지워지지 않는지 환경이 열두 번 바뀌어도 그 맛을 잊지 않는다. 장맛이 음식 맛의 근본이 되던 시절에는 가난한 집에도 된장, 간장독은 있어서 푸성귀라도 맛있게 먹을 수 있었다.

　장이나 젓갈 같은 진 것이나, 북어 같은 마른 것을 오래 보관하는 데는 독만한 것이 없다. 특히 곳간에 있는 독에는 술이나 건어물, 과일 같은 먹을거리가 들어 있는 것이 많아 인쥐가 늘 눈독 들이던 곳이다.

　다시 선택되는 행운도 없이 빈 집에 혼자 앉아 있는 독은 그동안 품에 어떤 것을 담아 보았을까. 작지 않은 키에 둥실둥실한 몸매가 물, 쌀, 장 같은 것을 품었음직하다. 인간에게 꼭 필요한 것을 담고 있었으니 항상 귀한 대접을 받은 독이었겠다. 까마득한 옛 사람에 의해 창조되어 지금까지 이어오는 동안, 사람을 위해 나름대로 공헌을 했건만, 이제는 쓸모없고 못생겼다며 눈길조차 주지 않는다. 그래도 변화무쌍한 인간 심사라 지금은 버렸지만 다시 옹기를 찾을 때도 있을 것이라 믿는다.

　빈 집의 큰 독은 외롭다. 늘 함께 있던 뚜껑도 어디로 보내버린 채, 내리는 빗물이나마 주시는 대로 받아놓고, 구름과 달과, 별과 새가 제 몸을 비춰 보거나 목이라도 축이며 쉬어가라 붙잡는다. 몸이 금간 아픔보다 혼자 있는 외로움이 더 크다.

간판

지금 살고 있는 동네는 10년 전에도 잠시 살던 곳이다. 그때 채소밭이 모여 있던 둔덕과 가을이면 누런 벼가 가득했던 들에 지금은 아파트가 들어서서 아담한 동네가 도시로 변했다.

다시 와서 동네를 한 바퀴 돌아보니 살던 곳이라 낯설지는 않지만 동네가 커지면서 새로운 건물이 많이 생겼다. 전에 없던 체육공원, 도서관, 여성회관이 집에서 멀지않은 곳에 있어 이용하기 편하고 조그맣던 우체국은 더 크게 신축을 해서 이전했다. 새로 생긴 알록달록한 학교들은 아파트 사이에 용케 자리를 잡았는데 어떤 것은 큰 건물의 부속 건물 같아 보여서 안 되었다.

이 동네도 다른 도시와 마찬가지로 대로변은 빌딩들의 차지이다. 대부분의 건물이 비슷한 크기의 골격에 서로 닮은 꾸밈새를 하고서 사람을 기다린다. 사람을 부르기 위해서는 내 존재를 먼저 알려야 하는데 큰 빌딩 안의 점포들은 간판이 그 일을 한다. 그래서인지 이 동네도 큰길가의 건물들은 간판으로 도배를 해놔서 제 모습을 알아볼 수가 없다.

같은 건물의 여러 점포에서 경쟁적으로 내걸어 무질서한 간판들은 사람의 눈을 피로하게 만들고 어떤 것은 통행에 방해가 되어 짜증을 내게 한다. 욕심에 내 것만 눈에 확 뜨이라고 만든 새빨갛고 큰 간판은 거기에 적힌 상호보다 받아놓은 선지피가 먼저 떠오른다. 간판이 내 가게를 알리는 얼굴이고 그 호소력 또한 무시할 수 없을 것이니 간판에 적힌 상호의 뜻 못지않게 그 외양도 중요하다. 어디가 깨어졌거나 글자의 획이 떨어져 나간 꾀죄죄한 몰골의 간판은, 그것을 달고 있는 가게의 분위기까지 파장 뒤의 장터처럼 을씨년스럽게 만든다.

간판이 크고 화려해서 사람에게 강렬한 인상을 주는 경우도 있지만 작고 소박한 것이 오히려 강하게 다가올 때도 있다. 어쩐지 과장되고 허풍을 떠는 듯한 간판보다 작고 단순해도 깨끗한 간판이 손님을 부른다.

간판 중에는 사람의 호기심을 자극하는 것도 많은데 지나친 것은 혐오감을 생기게 한다. 어느 동네에서 그런 종류의 간판을 보았다. 보통의 간판 대신에 가게의 미닫이 유리문에다 상호를 굵직굵직하게 써 놓았다. 별쭝맞게도 그중 세 글자를 더 크게 써서 눈에 띄게 해놨는데, 적어놓은 것을 전부 읽으면 아무것도 아닌 것이 큰 글자만 따서 읽으면 욕이 되었다. 장사가 안 되니까 시선을 끌 목적이었는지, 보통 서민들보다 억울한 것이 많은 인생이 세상을 향해 욕을 먹이는 심사에서 그러는지 모르지만 자기 딴에는 머리를 굴린 모양이다. 조개 요릿집은 상호에 은유법도 많이 이용하던데 그 집은 너무 직설적이다. 그 앞을 지날 때마다 흉을 봤는데 얼마 후 없어져 버렸다. 내 점포 광고가 중요하다고 극약 처방을 쓰거나 경쟁적으로 많이 내걸어 보았자 득보다 실이 많은 것 같다.

 광고가 큰 사업수단이 되는 세상에 간판을 사소한 것으로 여기지 말고, 모양새와 내용, 설치장소에 관해 관련 있는 사람들이 더욱 신경을 쓰고 도움을 받았으면 한다.
 우리 동네에도 이 가게는 무엇을 취급하는지 다 알아볼 수 있고, 보는 마음이 즐겁고 읽는 눈이 상쾌하고 주변과 조화를 이루는 겸손한 간판을 많이 만날 수 있는 날이 왔으면 좋겠다. 그래서 동네 길을 여유 있게 걸으며 간판 감상하는 재미도 누릴 수 있고, 그중에 기발한 모양이나 재미난 이름을 만나면 일부러라도 그 가게에 들려 보는 즐거움도 만만찮을 듯하다.

버려진 것들 앞에서

아침부터 밖이 시끄럽다. 위쪽 어느 층에서 이사를 하는 모양이다. 언제부터인지 새로운 이웃을 만드는 일이 거북하여 앞집과 위아래 집만 알고 있다. 같은 엘리베이터를 이용하는 이웃끼리 인정머리 없다는 것도 알지만 갈수록 사람 사귀는 것 자체가 큰일이고 편하지 않다.

밖을 보니 이삿짐 옮기는 차 옆에 사람들이 모여 있다. 길바닥에는 잡다한 물건들이 널브러져 있고 사람들이 그곳을 뒤적이는 것이 보여 밖으로 나갔다. 고가 사다리를 타고 내려온 짐이 포장도 안 된 채 그대로 길 바닥에 쏟아진다.
이민 가는 집에서 버리고 가는 것이라는 말과 함께 재빠른 사람은 그새 몇 개씩 골라잡았다. 짐은 계속 내려오고 보기에 멀쩡하고 쓸 만한 것도 많이 버려진다. 벌써 재활용품 수거차가 와서 작업 중이라 와장창 소리가 나며 액자의 유리가 깨지고 화장대 의자가 주저앉는다.

깨끗하고 쓸 만한 물건에 욕심이 생겨, 눈독 들인 책상은 세워둘 장소를 생각하는 사이 망치질 두세 번에 널빤지로 변한다. 앉은뱅이 책상으로 쓰면 괜찮을 탁자도 어디다 두어야 하나를 생각하는데 통째로 수거차에 들어간다. 머뭇거리는 동안 다 없어지겠다 싶어 대여섯 개를 골라, 쓰레기가 되느냐 재활용이 되느냐의 갈림길에서 내 손에 잡혔으니 오늘부터는 나하고 인연이라며 집에 들여놨다.

필요한 것을 챙겼는데 궁금하여 다시 잡동사니 곁으로 갔다. 어지간히 내려왔는지 내가 쓸 만한 것은 없어 다른 사람의 수확물을 살펴보았다. 한 중년 부인이 아무도 관심 없는 이불 종류를 죄다 모아 한 곳에 쟁여둔다. 다른 사람이 깔고 덮던 솜이불, 요 같은 것을 횡재 맞았다는 표정으로 만지는 것이 궁금하여 살짝 물어봤다. 가족 없는 사람들이 모여 사는 곳에 보내면 깨끗이 손질해서 쓴다면서 부엌살림도 알뜰히 챙긴다.

사랑 많고 눈 밝은 사람의 수고로운 봉사로 여러 사람들이 따뜻해질 것이란 생각에 함께 거든다. 좋은 생각은 행동으로 나타내야 한다는 것을 알면서도 몸소 실행하지 못하는 나는, 봉사자가 짐을 싣고 떠난 후에도 한참동안 미안했다.

하굣길의 꼬마들이 지나간다. 쓰레기로 보고 무심하게 밟고 가는 아이, 호기심에 들여다보다 뭔가 가지고 가는 아이, 한참을 뒤적이다 마음에 드는 것이 없는지 그냥 가는 아이, 아이들이란 이런 데서도 제 타고난 성격을 드러내니 흥미롭다.

  내 아이들도 어렸을 때에 밖에서 무언가 주워온 적이 더러 있었다. 젊은 엄마였던 나는 전후 사정도 듣지 않고 야단부터 쳤지 싶은데, 비닐 끈으로 엮은 꽃바구니를 주워가는 저 아이는 엄마에게 무슨 말을 들을까.

  묶어둔 쓰레기봉투까지 열어서 필요한 것을 찾는 노인과, 시설에 보낼 물건이란 설명에도 기어이 갖고 가겠다는 젊은 주부의 행동은 퍼지지 않는 생활의 고달픔을 보는 듯해서 안타까웠다.

  더 이상 짐은 내려오지 않고 사람도 몇 없다. 청소를 맡은 사람이 책을 공짜로 줄 테니 얼마든지 가져가라며 농을 한다. 진작에 책 한 질을 내 것으로 챙겨놨지만, 더 쳐다보는 사람도 없는 곳에 폐지와 함께 있는 책을 보니 착잡하다. 책과 함께 책을 지은이의 이름과 정성이 따라서 내팽개쳐졌다고 생각하니 허무하다. 그래도 한나절 동안, 버려진 물건 가운데는 새 주인을 만난 것이 많아 다행이다.

  내가 거둔 물건의 옛 주인이 어디에 있는지 관심도 없이, 오직 버려진 잡동사니 앞에서만 활기를 찾는 내 욕심을 확인한 날.

거리 풍경

무엇인가 구경을 한다는 것이 재미있었다.
그 무엇을 직접 현장에서 구경하면 나도 함께 동참하는 것 같고, TV나 사진을 통해 직접 경험하기 어려운 것을 볼 때면 체험하는 것 이상의 묘미가 있다.
장마철 큰물이 지면 무섭다 하면서도 누런 물구경을 하고, 불이 나면 조마조마해 하면서도 불구경을 한다. 피해 당사자가 아니라는 이기심과 인간에게 내재한다는 파괴본능이 흥미를 유발시키는지 민망스러운 호기심이다.
싸움 구경에서 호감 가는 편이 이기면 대리만족을 얻고, 매체를 통해 어느 지역의 모습을 보면 어떤 곳은 처음 보는 곳인데도 익숙한 듯한 느낌에 의아해지는 경우도 있다.
보는 것에 관심이 있다 보니 아이들 몇이 길바닥을 들여다봐도 함께 한다. 개미들이 보도블록 이음새에 통로를 열어놓고 집단 이주를 한다. 아이들에게 이런 것을 보고 옛 사람들은 비가 올 것을 예감했다고 말해 주고는 서너 발자국도 못가 후회한다. 나도 잘 모르겠어서.

 구경의 뒤끝은 희로애락 칠정의 감정을 드러내게 하고, 더러는 기억 속에 입력되는 것도 있다. 귀가 시간이 늦은 가족을 기다리며 발코니로 나가 구경을 한다. 높은 데서 내려다보는 거리에는 조감도가 펼쳐 있고 다양한 삶이 있다. 저녁이면 집 앞 상가 지역에도 전기불이 어둠을 걷어내려고 열을 내며 빛을 반짝거리고, 낮 동안 햇빛만이 쨍쨍하던 길에도 사람들이 나온다.

 나지막하게 늘어선 가게 한곳에서 누군가 나오더니 다시 들어간다. 주인인가. 여름철 경기가 그런지 더위가 어느 정도 가신 저녁인데 손님이 없다. 얼마를 내려다보고 있어도 구경꾼 같은 사람 하나 보이지 않는다.

 옛날에 달이 환했을 무렵의 야시장이 그립다. 화려하지는 않았지만 나름대로 풍성하여 물건을 파는 이, 사는 이, 구경꾼에다 주정꾼, 흥정꾼…… 그들이 내는 삶의 소리로 그때의 야시장은 살아 있었다.

 이 여름, 여기는 가게주인과 쌓인 물건이 함께 한숨만 쉰다. －哀－

 경찰관 3명이 음주운전을 단속한다. 차들이 그들을 거쳐 가는데 흰 차가 주춤주춤 하다가 지나갔다. 붉은색 차가 설 듯 설 듯하다가 지나간다. 검은색 차는 멈칫멈칫하며 다가간다. 오늘 저녁에는 운전자들이 밀밭을 잘 피해 왔는지 붙잡히는 차가 보이지 않는다. 모두 집에서 반주 한잔 대접받을 자격이 있다. －홉－

간 큰 사람이 교통경찰 뒤에서 길을 무단횡단한다. 세상에는 뒤통수에 눈 달린 사람이 없고, 등잔은 요새 켜보아도 여전히 밑이 어둡다. 신호등이 건너지 말라고 얼굴을 빨갛게 하고 있는 횡단보도를 걷는 사람이 있다. 나도 남의 핑계를 대며 자동차의 눈치를 힐끔 보고 무단횡단을 할 때가 있다. 공동의 큰 약속을 무시하는 내 마음대로의 행동에는 찰나나마 내밀하고 음침한 쾌락이 있다. 내 이런 행동의 다음에는 수호천사의 나무람이 있고 나는 부끄럽다. ―惡―

야단을 잘 치는 내 수호천사는 놀이터로 그곳의 주인을 보러 간다. 천사는 무엇인가에 기분이 좋아 깔깔대며 웃는 두 아이를 보더니 같은 모양으로 웃는다. 세 천사가 웃는다. 기쁨과 평화는 작은 곳에서 작은 이로부터 나오는가 보다. ―樂―

불고기가 약간 타는 듯한 맛있는 냄새가 날아온다. 후각과 미각이 자극을 받을까 봐 문을 닫는다. 식욕은 내일 아침까지 잠을 자야 과식의 죄를 짓지 않는다. 그리고 거리 구경하는 재미도 버려야겠다. 나의 허물은 그냥 둔 채 남의 흉만 보는 죄를 더 짓기 전에. ―欲―

호기심에 구경을 하고 구경이 때로는 참여로 변한 경우도 있었지만 그것도 한때인 듯 살다 보니 내 할 일도 점점 줄어들고 호기심도 사라진다. 구경 좋아하는 것도 지난날의 것.

새 도시가 아직 읍이었을 무렵

내가 사는 곳이 아직 읍이었을 때, 우리 동네에서 차를 타고 서울로 가는 동안 그 주변을 보고 있으면 볼 것이 많아 지루하지 않았다.

―그 무렵의 노트에서―

읍에서 두 번째 봄을 맞는다. 이곳으로 이사 오던 날은 서울을 떠나는 것이 섭섭하여 마음과 날씨가 같은 색깔로 침침하니 우울했다. 새 동네는 젊은이와 어린아이가 많아 활기찬 곳이지만, 정든 곳 떠나기가 어렵고 새 곳에 정 붙이기가 쉽지 않은 나이가 되었음을 실감나게 한다.

……

사람이 그리워 서울에 간다. 굳이 말하지 않아도 서로 눈빛만 보고서 마음을 읽어주는 얼굴은 같이 있으면 겨울 볕도 따뜻하고 속까지 훈훈해지면서 찬바람 안고 돌아오는 길이 멀지 않다.

조그만 동네라 차에서 아무 곳에나 내려도 집이 가까워 걱정이 없다. 싸늘한 밤공기는 상쾌하고 남빛 하늘에는 별이 나왔다. 우리 동네 별은 반짝일 줄 알아 고맙다. 지금도 어린왕자는 열심히 제 별을 청소하고 있는가.

인간은 쉬지 않고 하늘에다 연막탄을 쏘아 올려 두터운 장막을 만들고 부끄러운 짓을 예사로 한다. 하늘을 가린 줄 알고 마구잡이로 세상을 사는 인간은 별을 기억하지 않는다.

도시 위에 뜨는 별은 서럽고 가슴이 아프다. 맑은 영혼을 위해 날마다 장막 위로 모습을 보이지만 서로 만나기 어렵다.

한 아이가 팔을 벌리고 춤추듯이 간다. 나도 아이 따라 양팔을 벌리고 걷는다. 하늘 보고 걷는다. 이런 밤길 이런 행동이 얼마만인가. 중년의 나이에 어린 모습이 나오게 만드는 우리 동네 하늘.

……

황사 오는 날 서울에 간다.
계절이 겨울을 완전히 벗어나지 못한 듯 길에 나선 사람의 얼굴은 까칠한데 마른 풀 속의 쑥은 잘도 자란다. 차가 달린다. 염치없는 차가 뿜어내는 매연이 황사와 혼인을 해서 눈과 입을 가려도 가로수의

움은 잘도 트고 봄꽃은 한껏 피려고 아우성이다.
 밭둑에서 중년의 남녀가 나물을 뜯는다. 단란한 소풍이겠지만 황사 바람 속에서 추워 보인다. 이 뿌연 속에서 무엇을 찾을까. 약으로 쓸 것인가. 남의 나들이도 무심히 보아 넘기지 못하니 궁금증 또한 늙어 가는 징조인가 보다.

 ……

 내가 탄 버스는 잘도 가는데 나란히 있는 고속도로 위의 차들은 줄을 선 채 주춤거린다. 옛날 저 길로 고속버스를 타고 상경한 사람 중에는 서울 특별시민이 된 것을 벼슬이나 한 것처럼 여겨서 무슨 때가 되어 제 살던 곳으로 가면 의기양양 서울 사람 표시를 내어 웃기는 경우도 있다. 말의 끝을 올리고 코끝도 올라가다 보니 턱 끝으로 사람을 부리는 수작을 한다. 보통시민이 그 꼴이 아니꼬워도 고향사람이라 받자를 해 주면 저 잘나서 그런 줄 알고 기고만장한다. 나 역시 은연중에 그런 모습을 보였을 것이다. 온갖 사람이 다 모여 주인 행세를 하는 서울에서 토박이 보기가 어렵다는데 제대로 된 서울토박이를 안다는 사실에 흐뭇해진다.
 올곧게 사는 법을 생활 속에서 보여주는 진짜 서울 사람은 얼치기 서울내기와는 근본적으로 달라서 촌사람 앞에서 잘난 체, 있는 체, 아는 체, 없는 체하지 않아 좋다.

……

　차가 과수원을 지나고 작은 못도 지나간다. 동네 이름이 머내, 독점, 방죽말, 쟁골, 참 정겹다. 뒷산에 누운 옛사람이 마을의 모습은 천지개벽을 했건만 이름은 변하지 않아 그나마 다행이라 하시겠다.
　온전히 전해 오는 다정한 이름이 고마운데, 유식하게 보이는 것 좋아하는 높은 분이 있어 유식한 티 내느라고 동네 이름을 바꿀까 봐 지레 걱정이 된다.
　정류장 근처의 가게도 재미있다. 소박한 간판이 아무개네라고 사람 이름으로 되어 있다. 구멍가게가 저보다 더 큰 간판을 달고 무슨 슈퍼라고 하는 것이 묵은 유행인데 바람이나 거품에서 비껴선 간판이라 신선하고 정이 간다.
　상점과 붙은 살림집 대문에 하얀 판자 조각이 달려 있다. '개조심' 나 어릴 적에 저런 가게가 있었고, 저런 경고성 문패도 많았다. '사나운 개조심' 붙은 대문 앞에서 친구를 부르던 아이는 기억 먼 곳에서 자라지도 않고 어린 채로 있다.
　살다 보니 어른이 된 아이는 변함없는 어리보기여서 주위의 세계 최고 또는 동양 최대라는 것에도 위로받지 못한다. 첨예화되는 빠른 변화에 주눅 들고 기가 질려서 고작 만만한 시골 가게를 보고 위안을 찾는다. 서울 가는 길이 아직은 지루하지 않아서 다행이다.

……

10년이 지난 지금 사는 곳이 읍에서 구로 바뀌었다. 전보다 길은 넓어졌는데 그 길 위에 차는 늘 빽빽하여 그때보다 서울 가기가 더디다. 봄이면 배꽃이 한창 예뻤던 과수원도 사라졌다. 아무개네 점방은 헐려 없어지고, 근방에 신도시가 들어서서 아파트공사가 한창이니 십 년이면 강산도 변한다는 옛말과 얼추 맞아떨어진다. 산천의구를 믿었던 옛 시인이 이런 모습을 본다면 어떤 시를 지을까.

일기처럼 글을 써둔 노트가 아직도 깨끗한데 펴보니 그 안에 10년의 세월이 드문드문 남아 있다. 그 시간을 되돌려 보고 싶은 마음은 없는데도 참 쓸쓸하다. 그래 몇 개 꺼내어 본다.